TRAVEL

간편한

여 행
영 어

강 여 산 편저

TRAVEL ENGLISH

간편한 여행영어

간편한 여행영어

인쇄 | 2011. 8. 05
발행 | 2010. 8. 10
펴낸이 | 이은숙
펴낸곳 | 황금두뇌
등록 | 1999. 12. 3 제9-00063호
주소 | 서울 강북구 수유동 461-12
전화 | 02)987-4572
팩스 | 02)987-4573

ISBN 978-89-93162-18-9

정가는 표지에 있습니다.

이 책을 펴내면서

세계가 지구촌화하면서 우리 주변에서도 자연스레 '해외 여행', '배낭 여행'을 국내 여행하듯 많이 하고 있다. 특히 대학생들이나 젊은 직장인들, 심지어는 초등학생까지도 방학을 이용하여 해외 여행을 다녀올 정도로 다반사가 되었다.

해외 여행을 하다 보면 영어를 사용하는 나라만 여행하지는 않지만 영어는 세계 어디를 가든지 공용어로 사용하고 있다. 그런데 혼자서 해외 여행을 떠나는 사람들은 언어 소통에 자신이 없어 주저하게 된다.

세계 공통어라고 할 수 있는 몸짓이나 얼굴 표정만으로 어느 정도 의사 표현을 할 수는 있겠지만, 해외 여행에 필요한 기본적인 영어 회화를 미리 익혀두거나 여행 영어책을 한 권쯤 손에 들고 다닌다면 훨씬 느긋하게 모처럼의 해외 여행을 즐길 수 있을 것이다.

이 책은 여행을 떠날 때부터 여행을 마치고 돌아올 때까지 꼭 필요한 영어 회화를 상황별, 장소별로 분류하였기 때문에 여행중에 들고 다니면 막히는 말이 있을 때 쉽게 이용할 수 있을 것이다.

이제 《글로벌 여행 영어》와 함께 즐거운 마음으로 해외 여행을 떠나자.

차 례

Global
TOUR
English

글로벌 여행영어

1 출발 준비 – 공항에서

1

출발 준비 – 공항예제

1. 비행기표 예약

★ 뉴욕행 항공편을 예약하려고 합니다.
I'd like to make a flight reservation
아이들 라잌 투 메이크 어 플라이트 뤠저베이션
to New York.
투   뉴 – 욕.

☆ 언제 출발하십니까?
When are you leaving?
웬 아 유   리-빙?

★ 오는 화요일에 떠나려고 합니다. 화요일
오전에 떠나는 비행기가 있습니까?
Next Tuesday. Any flight on
넥스트 튜즈데이. 에니 플라이트 온
Tuesday morning?
튜즈데이   모닝?

☆ 네, 301편은 오전 9시에, 304편은 오전 11시에 떠납니다.
Yes, we have flight 301 at 9 a.m.
예스, 위 해브 플라이트 쓰리지로원 앳 나인 에이엠
and flight 304 at 11 a.m.
앤드 플라잇 쓰리지로포 앳 일레븐 에이엠.

★ 오전 9시 비행기로 하겠습니다.
I'll take the 9 a.m. flight.
아일 테이크 더 나인 에이엠 플라잇.

☆ 어떤 표를 원하십니까? 일반석, 이등석, 일등석 중 어느 것을 원하십니까?
What class would you like?
왓 클래스 우 - 쥴 - 라이크?
Economy, business or first?
이코노미, 비즈니스 오어 퍼스트?

★ 일반석으로 주십시오.
Economy, please.
이코노미. 플리즈.

☆ 돌아오는 비행기 편도 예약하시겠습니까?
Would you like a roundtrip ticket?
우 - 쥴 - 라이크 어 롸운드트립 티킷?

★ 아니오. 그것은 오픈으로 해주십시오.
   No. Leave it open, please.
   노우. 리이브 잇 오픈, 플리즈.

★ 왕복표로 하겠습니다.
   Roundtrip ticket, please.
   롸운드트립 티킷, 플리즈.

★ 편도로 하겠습니다.
   Just one way, please.
   저스트 원 웨이, 플리즈.

2. 예약 재확인

☆ 브리티시 에어웨이입니다. 무엇을 도와
   드릴까요?
   This is British Airways. May I
   디스 이즈 브리티시 에어웨이즈. 메이 아이
   help you?
   헬프 유?

★ 예약을 재확인하고 싶습니다.
   Reconfirm, please.
   뤼컨펌, 플리즈.

★ 내 이름은 조성호이고, 비행기편은 301편입니다.

My name is Seong-ho Cho and
마이 네임 이즈 성-호 조 앤드
my flight number is 301.
마이 플라이트 넘버 이즈 쓰리지로원.

☆ 예, 손님의 비행편은 확인되었습니다. 출발 2시간 전에 체크 인 하시기 바랍니다.

O.K. Your flight is confirmed
오우케이, 유어 플라이트 이즈 컨펌드
and you have to check in 2
앤드 유 해브 투 첵크 인 투
hours prior to departure time.
아워즈 프라이어 투 디파춰 타임.

3. 예약 변경

★ 1월 8일 나의 예약을 취소해 주십시오.

Please cancel my flight for
플리즈 캔슬 마이 플라이트 포
January 8th.
재뉴어리 에잇쓰.

★ 예약을 변경하고 싶습니다.

I'd like to change my reservation.
아이들 라잌 투 췌인쥐 마이 뤠저베이션.

★ 1월 7일로 날짜를 바꾸고 싶습니다.
I'd like to change the date to
아이들 라일 투   췌인쥐   더 데이트 투
January 7th.
재뉴어리   쎄븐쓰.

★ 비행기를 놓쳤습니다.
I miss my flight.
아이 미쓰마이   플라잇.

4. 탑승 수속

1) Check-in

★ 대한 항공으로 출국하려면 어느 청사로
가야 합니까?
What number terminal can I
왓   넘버   터미널   캔 아이
check-in at Korean Airlines
췌크 인   앳   코리언   에얼라인즈
counter?
카운터?

★ 여기서 체크 인 할 수 있습니까?
Can I check-in here?
캔 아이   췌크 인   히어?

☆ 금연석을 원하세요, 아니면 흡연석을 원
　하세요?

Would you like to sit in the non-
　우 – 쥴 – 라일　투 씻 인 더　난 –
smoking or the smoking section?
　스모킹　오어 더　스모킹　쎅션?

☆ 창문가 자리를 드릴까요, 통로 쪽을 드
　릴까요?

　Window seat or aisle?
　　윈도우　씨잇 오어 아일?

☆ 기내로 가지고 들어갈 짐은 몇 개입니까?

How many pieces of carry on
　하우　메니　피시즈 어브 캐리　온
baggage?
　배기쥐?

★ 이 상자에 '파손 주의' 라는 표를 붙여 주
　시겠습니까?

Would you please put 'Fragile'
　우 – 쥬　플리즈 풋　프래질
on this box?
　온 디스 박스?

2) 입국 심사

★ 입국 심사는 어디서 합니까?
Where is immigration?
웨어 −리즈　이미그레이션?

☆ 여권을 보여주시겠습니까?
May I see your passport?
메이 아이 씨이 유어　패쓰포오트?

☆ 미국에 얼마 동안 체류하십니까?
How long are you going to stay
하울 − 롱　아 유　고잉 투 스테이
in America?
인　어메리카?

★ 이 주일 동안 머무를 것입니다.
About two weeks.
어바웃　투　윅스.

☆ 방문 목적이 무엇입니까?
What's the purpose of the visit?
왓츠　더　퍼포즈　어브 더　비지트?

★ 관광입니다.
Sightseeing.
싸이트씨잉.

☆ 미국 어디에서 머무르실 겁니까?
Where are you going to stay in
웨어　　아　유　　고잉　투 스테이 인
America?
어메리카?

★ 뉴욕에서 머무를 겁니다.
In New York. in America.
인　　뉴 – 욕.　　인　어메리카.

3) 세관

★ 세관이 어디입니까?
Where is customs?
웨어 – 리즈　　커스텀즈?

★ 검사를 받을 물건은 모두 이것입니다.
These are all of my bags to be
디즈　　아　올 어브마이　백쓰　투 비
cleared.
클리어드.

☆ 신고할 물건이 있습니까?
Do you have anything to declare?
두　유　　해브　　에니씽　투 디클레어?

★ 아니오, 없습니다.
  No, I don't
  노우, 아이 도운트.

★ 이 카메라는 동생을 주기 위해 구입한
  것입니다.
  I have this camera that I bought
  아이 해브 디스 캐머러   댓 아이 보우트
  for my sister.
  포 마이 씨스터.

☆ 얼마나 주고 샀습니까?
  How much did you pay for?
  하우   머취   디-쥬 페이 포?

★ 면세점에서 500달러를 주고 샀습니다.
  I paid $500 at the duty
  아이 페이드 파이브 헌드레드 달러즈 앳 더 듀티
  free shop.
  프리   샵.

Global
TOUR
English

글로벌 여행영어

2 기내에서

2
기내에서

1. 자리 찾기

1) 자리 찾기

★ 내 자리가 어디 있습니까?
Where is my seat?
웨어 – 리즈 마이 씨잇?

☆ 좌석 번호를 말씀해 주십시오.
Your seat number, please.
유어 씨잇 넘버, 플리즈.

☆ 손님의 자리는 50B군요. 저기 창가 쪽
자리입니다.
Your seat number is 50B. It is
유어 씨잇 넘버 – 리즈 핍티비. 잇 이즈
over there by the window.
오버 데어 바이 더 윈도우.

★ 제 자리가 당신 옆자리인 것 같습니다.
I think my seat is next to yours.
아이 씽크 마이 씨잇 이즈넥스트 투 유어즈.

2) 자리 변경

★ 잠깐 실례합니다.
   Excuse me.
   익쓰큐즈   미.

★ 실례합니다만, 여긴 제자리인데요.
   Excuse me, but I'm afraid this
   익쓰큐즈   미,   벗   아임 어프뤠이드 디스
   is my seat.
   이즈 마이 씨잇.

★ 자리를 바꿔도 될까요?
   May I change my seat?
   메이 아이 췌인쥐   마이   씨잇?

★ 금연석으로 옮겨도 되겠습니까?
   May I move to the non-smoking
   메이 아이 무브   투 더   난 - 스모킹
   section?
   쎅션?

★ 제 자리와 바꾸시겠습니까?
   Would you mind changing seats
   우 - 쥬   마인드   췌인징   씨잇츠
   with me?
   위드   미?

☆ 네 바꾸지요.
  Not at all.
  낫 앳 올.

3) 벨트 착용

★ 이 의자는 어떻게 뒤로 젖힙니까?
  How do you adjust this seat?
  하우 두 유 어저스트 디스 씨잇?

★ 의자를 젖혀도 좋습니까?
  May I recline my seat?
  메이 아이 뤼클라인 마이 씨잇?

★ 이 벨트를 어떻게 맵니까?
  How do you fasten this belt?
  하우 두 유 패슨 디스 벨트?

★ 전등을 어떻게 켭니까?
  How do you turn on the light?
  하우 두 유 턴 온 더 라이트?

★ 저, 제가 지나가도 될까요?
  Excuse me. May I get through?
  익쓰큐즈 미. 메이 아이 겟 쓰루?

☆ 네, 그러세요.
　Yes, you may.
　예스,　유　메이.

☆ 물론이죠.
　Of course.
　어브　코어스.

★ 좌석을 제 위치로 하고 안전 벨트를 매
　주십시오.
　Please return your seat to the
　플리즈　뤼턴　유어　씨잇　투　더
　upright position, and fasten
　업라이트　포지션,　앤드　패슨
　your seat belt.
　유어　씨잇　벨트.

2. 기내 식사

1) 식사

☆ 쇠고기 요리와 생선 요리 중 어느 것을
　드시겠습니까?
　Beef or fish?
　비프 오어 피쉬?

★ 생선 요리로 주십시오.
　Fish, please.
　피쉬,　플리즈.

☆ 커피를 드릴까요, 홍차를 드릴까요?
Coffee or tea?
커피 오어 티이?

★ 커피로 주십시오.
Coffee, please.
커피, 플리즈.

★ 지금은 식사를 하고 싶지 않습니다.
Sorry, but I don't want meal now.
쏘오리, 벗 아이 도운트 원트 미일 나우.

☆ 식사 다 하셨습니까?
Finished?
피니쉬드?

★ 저, 마실 것 좀 주시겠습니까?
Excuse me. Can I get a drink?
익쓰큐즈 미. 캔 아이 겟 어 드링크?

★ 저는 채식 식사 메뉴를 주문했습니다.
I ordered vegetarian meal.
아이 오더드 베지테리언 미일.

2) 음료

★ 음료수는 무엇이 있습니까?
What kind of drinks do you
왓 카인드 어브 드링크스 두 유
have?
해브?

★ 커피를 마실 수 있습니까?
May I have a cup of coffee?
메이 아이 해브 어 컵 어브 커피?

★ 마실 것 좀 주시겠어요?
Can I get something to drink?
캔 아이 겟 썸씽 투 드링크?

★ 물 한 잔 주세요.
I'd like a glass of water, please.
아이들 라이크 어 글래스 어브 워터, 플리즈.

★ 과자 좀 주시겠어요?
May I have some cookies?
메이 아이 해브 썸 쿠키스?

★ 와인 있습니까?
Do you serve wine?
두 유 써브 와인?

3. 신문 · 잡지를 원할 때

★ 읽을 것 좀 주십시오.
Can I get something to read.
캔 아이 겟　　　썸씽　　　투 리이드.

★ 잡지나 기타 읽을 것 좀 주시겠습니까?
May I have a magazine or
메이 아이 해브　어　매거진　　오어
something?
썸씽?

★ 한국어 신문 있습니까?
Do you have a korean newspaper?
두　유　해브 어　코리언　　뉴스페이퍼?

★ 우편 엽서와 펜 좀 주시겠습니까?
May I have a postcard and a pen?
메이 아이 해브 어 포스트카아드 앤드 어　펜?

4. 기내 면세품 사기

☆ 신사 숙녀 여러분, 기내 면세품을 파는
  시간입니다.
  Ladies and gentlemen, we are
  레이디스 앤드   젠틀맨,   위 아
  starting to sell duty-free items.
  스타팅   투 쎌   듀티- 프리 아이템쓰.

★ 기내 면세품 팝니까?
  Do you sell any duty-free goods
  두 유 쎌 에니 듀티 － 프리   굿즈
  on board?
  온 보어드?

★ 약간의 향수를 사려고 합니다.
  I'd like to buy some perfume.
  아이들 라일 투 바이   썸   퍼퓸.

★ 이 상품을 볼 수 있을까요?
  May I see this goods?
  메이 아이 씨이 디스   굿즈?

★ 어떤 종류의 색(모양)이 있습니까?
  What kind of colors(types) do
    왓   카인드 어브 컬러스 (타입스) 두
  you have?
  유 해브?

42

★ 원으로 내도 되겠습니까?
　Can I pay in Korean won?
　캔 아이 페이 인　코리언　원?

★ 비씨 카드도 받습니까?
　Do you accept BC card?
　두　유　억쎕트　비씨　카아드?

5. 화장실 이용하기

★ 화장실에 가도 됩니까?
　May I go to the bathroom now?
　메이 아이 고우 투 더　배쓰룸　나우?

★ 화장실이 비면 알려 주시겠습니까?
　Will you tell me when the
　월 － 류 텔 미　웬　더
　lavatory is vacant?
　래버토리　이즈 베이컨트?

★ 저 표시는 무엇을 뜻합니까?
　What does the sign say?
　왓　더즈　더　싸인 쎄이?

6. 기내에서 유용한 질문

1) 몸이 불편할 때

★ 토할 것 같습니다.
I feel like vomiting.
아이 필 라이크 붜미팅.

★ 멀미 봉지는 어디 있습니까?
Where is the airsickness bag?
웨어 리즈 디 에어씨크니스 백?

★ 몸이 좋지 않습니다.
I don't feel good.
아이 도운트 필 굿.

★ 두통약 좀 주시겠습니까?
Would you give me some
우 - 쥬 기브 미 썸
medicine for headache?
메디슨 포 헤드에이크?

☆ 비행기가 난기류를 벗어나면 곧 괜찮아
질 겁니다.
I'll be all right as soon as the
아일 비 올 롸잇 애즈 수운 애즈 더
plane gets out of this turbulence.
플레인 겟츠 아웃 어브 디스 터뷸런스.

★ 담요를 가져다 주시겠습니까?
May I have a blanket?
메이 아이 해브 어 블랭킷?

★ 베개와 담요를 주시겠습니까?
May I have a pillow and a
메이 아이 해브 어 필로우 앤드 어
blanket, please.
블랭킷, 플리즈.

★ 젖은 수건(뜨거운 물수건)을 가져다 주
시겠습니까?
May I have a wet towel
메이 아이 해브 어 웻 타월
(a steamed towel)?
(어 스팀드 타월)?

2) 상대의 말을 못 알아들었을 때

★ 다시 말씀해 주십시오.
I beg your pardon.
아이 베그 유어 파든.

★ 저는 영어를 아주 조금 할 줄 압니다.
I can only speak a little English.
아이 캔 오운리 스피크 어 리틀 잉글리쉬.

★ 저는 영어 초보자입니다.
I'm a beginner in English.
아임 어 비기너 인 잉글리쉬.

★ 다시 한 번 말해 주시겠어요?
Could you tell me again, please?
쿠 – 쥬 텔 미 어겐, 플리즈?

★ 당신이 무슨 말을 하는지 이해가 잘 안 됩니다.
What do you mean? I can't
왓 두 유 민? 아이 캔트
understand.
언더스탠드.

★ 좀더 천천히 말해 주시겠어요?
Could you speak more slowly,
쿠 – 쥬 스피크 모어 슬로울리,
please?
플리즈?

★ 기내 방송을 잘 알아들을 수가 없습니다.
The inflight announcement is
디 인플라이트 어나운스먼트 이즈
not clear to me.
낫 클리어 투 미.

★ 한국말을 할 줄 아세요?
Can you speak Korean?
캔　유　스피크　코리언?

3) 도착 시간을 알고 싶을 때

★ 미국에는 몇 시에 도착합니까?
What time are we arriving at
왓　타임　아　위　어롸이빙　앳
USA?
유에스에이?

★ 도착 예정 시간을 가르쳐 주십시오.
ETA(Estimated Time of Arrival),
이티에이 (에스터메이티드 타임　어브 어롸이벌),
please.
플리즈.

★ 도착할 때까지 얼마나 걸립니까?
How long are we going to be the
하울 － 롱　아　위　고잉　투 비　더
ground?
그롸운드?

☆ 약 8시간 정도 걸립니다.
About 8 hours.
어바웃　에잇　아워즈.

글로벌 여행영어

3 비행기 갈아타기

3

비행기 갈아타기

1. 통과객 대기실

★ 통과객 대기실은 어디입니까?
  Where is the transit room?
  웨어 - 리즈 더 트랜짓 루움?

★ 통과 카드를 분실했습니다.
  I've lost my transit card.
  아이브 로스트 마이 트랜짓 카아드.

★ 출발 시간은 몇 시입니까?
  What is the departure time?
  왓 이즈 더 디파츄어 타임?

★ 다음 편으로 체크 인하고 싶습니다.
  I'd like to check in for my next
  아이들 라익 투 쳌크 인 포 마이 넥스트
  flight.
  플라잇.

★ 보스턴 행으로 갈아탑니다.
  I'm transferring to Boston.
  아임 　트랜스풔링 　투 　보스턴.

★ 여기서 어느 정도 머물러야 합니까?
  How long will we stop here?
  하울 – 롱 　월 　위 　스탑 　히어?

2. 비행기 갈아타기

★ (보스턴)행으로 바꿔 타려고 하는데요.
  I'm in transit to (Boston).
  아임 　인 　트랜짓 　투 　(보스턴).

★ (뉴욕)행 연결 비행기를 타려고 합니다.
  I have a connecting flight to
  아이 해브 어 　　커넥팅 　　플라잇 　투
  (New York).
  (뉴욕).

★ 탑승구 (3)번이 어디 있어요?
  Where is Gate number (3)?
  웨어 – 리즈 　게잇 　넘버 　　(쓰리)?

☆ TV 화면에서 비행기 시간표를 보면 탑
승구 번호가 있습니다.

Check the time table on the TV
쵀크   더   타임   테이블   온   더   티비

Screen. You can find the Gate
스크린.   유   캔   파인드   더   게잇

number there.
넘버   데어.

★ (델타) 항공사가 어디 있죠?

Excuse me. Where is (Delta)
익쓰큐즈   미.   웨어 - 리즈   (델타)

Airline?
에얼라인?

☆ 공항 순환 버스를 타시고 다섯 번째 역
에서 내리세요. 아니면 곧장 앞으로 가
시면 찾을 수 있습니다.

Take a shuttle bus and get off at
테이크 어   셔틀   버스 앤드 게 - 로프 앳

the fifth stop. Or go straight
더   핍쓰   스탑.   오어 고우 스트레이트

ahead and you will find it.
어해드   앤 - 쥬   윌   파인드 잇.

3. 수화물 찾기

★ 수화물을 찾는 곳은 어디에 있습니까?
Where is the baggage claim
웨어 - 리즈 더 배기쥐 클레임
area?
에어리어?

★ 제 가방이 없어졌습니다.
My baggage is missing.
마이 배기쥐 이즈 미씽.

★ 여기 제 화물 보관증이 있습니다.
Here is my baggage claim tag.
히어-리즈 마이 배기쥐 클레임 택.

★ 제 가방이 파손되었습니다.
My suitcase is damaged.
마이 슛케이스 이즈 대미쥐드.

★ 한국말을 아는 직원을 불러 주시겠어요?
Would you call for a Korean
우 - 쥬 콜 포 어 코리언
speaking staff?
스피킹 스탭?

Global
TOUR
English

글로벌 여행영어

4 호텔에서

4
호텔에서

1. 방 예약 1

★ 여행자 안내소가 어디 있습니까?
Where can I find tourist
웨어　　캔 아이 파인드 투어리스트
information?
인포메이션?

★ 방 하나를 예약해 주시겠습니까?
Could you reserve a room for me,
쿠 – 쥬　　뤼저브 어 루움 포 미,
please?
플리즈?

★ 안전하고 깨끗한 곳에 머물고 싶습니다.
I'd like to stay in a safe and
아이들 라잌 투 스테이 인 어 쎄이프 앤드
clean place.
클리인 플레이스.

2. 방 예약 2

★ 빈 방이 있습니까?
Do you have any vacancies?
두 유 해브 에니 붸이컨씨즈?

★ 1인용 방은 얼마입니까?
How much for a single?
하우 머춰 포 어 씽글?

★ 욕실이 딸린 2인용 방은 얼마입니까?
How much for a double room
하우 머춰 포 어 더블 루움
with a bath?
위드 어 배쓰?

★ 세금은 포함되어 있습니까?
Is the tax included?
이즈 더 택스 인클루디드?

☆ 세금을 제외하고 130달러입니다.
One hundred thirty dollars,
원 헌드레드 써티 달러즈,
excluding tax.
익쓰클루딩 택스.

★ 좀더 싼 것은 없습니까?
Don't you have anything cheaper?
도운 - 츄 해브 에니씽 치입퍼?

★ 하룻밤을 묵으려고 합니다.
I'll be staying for one night.
아일 비 스테잉 포 원 나잇.

☆ 어떤 종류의 방을 원하십니까?
What kinds of rooms do you
왓 카인즈 어브 루움스 두 유
have in mind?
해브 인 마인드?

★ 1인용 방이었으면 좋겠습니다.
I'd like a single room, please.
아이들 라이크 어 씽글 루움, 플리즈.

★ 2인용 방이었으면 좋겠습니다.
I'd like a twin room, please.
아이들 라이크 어 투윈 루움, 플리즈.

★ 욕실이 딸린 1인용 방을 원합니다.
I want a single room with a bath.
아이 원트 어 씽글 루움 위드 어 배쓰.

3. 방 예약 변경

★ 여보세요. 조성호입니다. 12월 7일 예약
을 바꾸려 합니다.
Hello. This is Seong-ho Cho.
헬로우. 디스 이즈 성-호 조.
I'd like to change my reservation
아이들 라일 투 췌인쥐 마이 뤠저베이션
for December 7th.
포 디쎔버 쎄븐쓰.

☆ 네, 조 선생님. 무슨 문제가 있습니까?
Yes, Mr. Cho. What seems to be
예스, 미스 조. 왓 씸즈 투 비
the problem?
더 프라블럼?

★ 12월 8일로 날짜를 바꾸고 싶습니다.
I'd like to change the date to
아이들 라일 투 췌인쥐 더 데이트 투
December 8th.
디쎔버 에잇쓰.

☆ 좋습니다. 그렇게 바꾸겠습니다.
Okay. That can be done.
오우케이. 댓 캔 비 던.

4. Chcek-in

★ 체크인 해주십시오. 제 이름은 조성호
입니다.

Check-in, please. My name is
쳌크 인. 플리즈. 마이 네임 이즈

Seong-ho Cho.
성 - 호 조.

★ 예약 확인서입니다.

Here is the confirmation slip.
히어-리즈 더 컨퍼메이션 슬립.

★ 이 양식에 어떻게 기입해야 합니까?

Could you tell me how to fill
쿠 - 쥬 텔 미 하우 투 필

out this form?
아웃 디스 폼?

5. 방 사용법

★ 이것은 어떻게 사용합니까?

How can I use this?
하우 캔 아이 유스 디스?

★ 냉장고 안에 있는 것을 먹으면 언제 지
불해야 합니까?
When should I pay for it if I
웬　　슈드 아이 페이 포 잇 이프 아이
have anything in the refrigerator?
해브　　에니씽　　인 더 뤼프리저뤠이터?

★ 에어컨의 온도는 어떻게 조절합니까?
How can I adjust the temperature
하우　캔 아이 어저스트 더　　템퍼러춰
of the air conditioning?
어브 디 에어　　컨디셔닝?

★ 이 문은 자동적으로 자물쇠가 걸립니까?
Does this door lock automatically?
더즈　디스 도어　락　　오토매티컬리?

6. 귀중품 맡기기

★ 이것들을 맡아 주십시오.
I would like to deposit these
아이 우들 － 라잌 투 디파지트　디즈
things.
씽즈.

★ 귀중품을 맡길 수 있습니까?
Can I deposit valuables here?
캔 아이 디파지트 밸류어블즈 히어?

★ 귀중품 보관함에 맡길 수 있습니까?
Could I leave the valuables in the
쿠드 아이 리브 더 밸류어블즈 인 더
hotel safe?
호텔 쎄이프?

★ (열쇠를 보이면서) 귀중품을 꺼내고 싶습니다.
Safety deposit box, please.
쎄이프티 디파지트 박스, 플리즈.

★ 귀중품 보관함 열쇠를 잃어버렸습니다.
I've lost the safety deposit box key.
아이브 로스트 더 쎄이프티 디파지트 박스 키이.

7. 방문이 잠겼을 때

★ 제 방 문이 잠겼습니다.
I've locked myself out of my room.
아이브 락트 마이쎌프 아웃 어브마이 루움.

★ 여분의 키를 주십시오.
A duplicate key, please.
어 듀플리케이트 키이, 플리즈.

★ 열쇠는 가지고 있어도 됩니까?
Can I keep my key with me?
캔 아이 키입 마이 키이 위드 미?

8. 모닝콜을 부탁할 때

★ 전화로 깨워 주십시오. 아침 6시입니다.
Wake-up call, please. Six o'clock
웨이크 - 업 콜, 플리즈. 씩쓰 어클락
in the morning.
인 더 모닝.

★ 기상 시간에 전화를 해주십시오.
Morning call, please.
모닝 콜, 플리즈.

★ 자명종 시계 맞추는 방법을 가르쳐 주세요.
Will you tell me how to set the
윌 - 류 텔 미 하우 투 쎗 디
alarm?
알람?

★ 제 방의 자명종 시계는 고장났습니다.
The alarm in my room doesn't
디 알람 인 마이 루움 더즌트
work.
웍.

★ 잊지 않겠죠? 꼭 일어나야 합니다.
Don't forget, will you? I must
도온　포겟,　월 - 류?　아이 머스트

wake up then.
웨이크 업　덴.

9. 룸 서비스

☆ 룸 서비스입니다. 무엇을 도와드릴까요?
This is room service. May I
디스 이즈　루움　써어비스.　메이 아이

help you?
헬프　유?

★ 아침 식사 배달됩니까?
Do you bring the breakfast to
두 유　브링　더　브랙퍼스트　투

my room?
마이　루움?

★ 치즈샌드위치와 오렌지 주스 한 잔 부탁합
니다. 707호에 묵고 있는 미스 김입니다.
I'd like to order a cheese sandwich
아이들 라일 투 오더 어　치즈　샌드위치

and a glass of orange juice.
앤드 어 글래스 어브 오린쥐　쥬스.

This is Miss Kim in room 707.
디스 이즈 미쓰　김　인 루움 쎄븐지로쎄븐.

★ 707호실 미스 김인데요. 커피 한 주전자 갖다 주십시오.

This is Miss. Kim in room 707.
디스 이즈 미쓰. 김 인 루움 쎄븐지로쎄븐.

I'd like to order a pot of coffee.
아이들 라잌 투 오더 어 팟 어브 커피.

☆ 감사합니다. 20분 정도 걸릴 것입니다.

Thank you very much. It will
땡-큐 붸리 머취. 잇 윌

take about 20minutes.
테이크 어바웃 트웬티 미니츠.

★ 될 수 있으면 빨리 배달해 주십시오.

Please bring them as soon as
플리즈 브링 뎀 애즈 수운 애즈

possible.
파서블.

★ 주문한 것은 언제 옵니까?

How soon can I get them?
하우 수운 캔 아이 겟 뎀?

★ 왜건은 밖에 내놓으면 됩니까?

Can I leave the wagon outside?
캔 아이 리이브 더 왜건 아웃사이드?

★ 다 먹고 나면 빈 그릇은 어떻게 해야 합
  니까?
  What should I do with the dishes
  왓   슈드 아이 두 위드 더   디쉬즈
  when I finish eating?
  웬 아이 퓌니쉬   이팅?

☆ 다 드신 후 밖에다 내놓으십시오.
  Please leave them outside when
  플리즈 리이브 뎀 아웃사이드   웬
  you finish eating.
  유 퓌니쉬   이팅.

10. 하우스 키핑

★ 하우스키핑(객실계)을 부탁합니다.
  Housekeeping, please.
  하우스 키핑,   플리즈.

★ 샤워기에서 더운 물이 나오지 않아요.
  Hot water doesn't come out of
  핫 워터   더즌트   컴 아웃 어브
  the shower.
  더   샤워.

★ 에어 컨디셔너가 이상합니다.
Something's wrong with the air
썸씽즈   룅   위드 디 에어
conditioner.
컨디셔너.

★ TV 상태가 좋지 않습니다.
There is something wrong with
데어 리즈   썸씽   룅   위드
the TV.
더 티브이.

★ 변기가 고장났습니다.
The toilet does not work.
더 토일릿   더즈   낫   웍.

★ 전구가 끊어졌습니다.
The light does not work.
더 라이트 더즈   낫   웍.

★ 시트를 바꿨습니까?
Did you change the sheet?
디 - 쥬   췌인쥐   더   쉬트?

★ 세탁을 부탁하고 싶습니다.
I'd like to call the laundry service.
아이들 라잌 투 콜   더   라운드리 써어비스.

★ 여기에 얼룩이 졌는데, 지울 수 있습니까?
I've got a stain here. Could you
아이브 갓 어 스테인 히어.　　쿠 - 쥬
remove it?
리무브 잇?

★ 이 셔츠를 다려 주세요.
I'd like to have this shirt pressed.
아이들 라익 투 해브 디스 셔츠 프레스트.

★ 언제 됩니까?
When can I get it back?
웬 캔 아이 겟 잇 백?

★ 내일 아침까지 됩니까?
Can you deliver them by
캔 유 딜리버 뎀 바이
tomorrow morning?
투모로우 모닝?

★ 언제 가져다 주실 수 있습니까?
When will it be ready?
웬 윌 잇 비 뤠디?

☆ 내일 오후까지 됩니다.
By tomorrow afternoon.
바이 투모로우 애프터누운.

★ 얼마입니까?
  How much will it be?
  하우 머취 윌 잇 비?

★ 언제 지불하면 됩니까?
  When should I pay for it?
  웬   슈드 아이 페이 포 잇?

11. 프런트 데스크에 문의

★ 이 도시의 지도 좀 주시겠습니까?
  Please give me a map of this city.
  플리즈 기브 미 어 맵 어브 디스 시티.

★ 이 도시의 행사 안내지 좀 주십시오.
  Do you have a guide book of
  두 유 해브 어 가이드 북 어브
  events in the city?
  이벤츠 인 더 시티?

★ 여기서 환전됩니까?
  Can I change money here?
  캔 아이 췌인쥐   머니   히어?

★ (항공권을 보여주면서) 전화로 비행기
  예약 재확인을 부탁합니다.
  Reconfirm, please.
  뤼컨펌,   플리즈.

12. 사람 찾기

★ 직원을 불러 주시겠습니까?
   Would you call a staff for me?
   우 - 쥬   콜 어 스탭 포 미?

★ 김씨에게 메모를 남기고 싶습니다.
   I'd like to leave a message to
   아이들 라일 투 리브 어   메씨쥐   투
   Mr. Kim.
   미스터 김.

★ 메모는 어디에 남기면 됩니까?
   Where can I leave a message?
   웨어   캔 아이 리브 어   메씨쥐?

★ 김 씨를 불러 주시겠습니까? 로비에 계
   실 겁니다.
   Could you page Mr. Kim?
   쿠 - 쥬   페이쥐 미스터 김?
   He must be in the lobby.
   히   머스트 비 인 더   라비.

★ 김 선생님의 방을 가르쳐 주십시오.
   Could you tell me what room
   쿠 - 쥬   텔 미   왓   루움
   Mr. Kim is in?
   미스터 김 이즈인?

13. Check-out

☆ 안녕하십니까? 프런트데스크입니다. 뭘 도와드릴까요?
Good morning. This is the front
굿　　모닝.　　디스 이즈 더　프런트
desk. May I help you?
데스크. 메이 아이 헬프　유?

★ 지금 체크 아웃하려고 합니다.
I'd like to check out now.
아이들 라잌 투　췌크　아웃 나우.

★ 하룻밤 일찍 떠나려고 합니다.
I'm going to leave one night earlier.
아임　고잉 투 리브　원　나잇　얼리어.

★ 하룻밤 더 머무르고 싶습니다.
I'd like to stay one more night.
아이들 라잌 투 스테이　원　모어　나잇.

★ 707호실의 조성호입니다. 지금 체크 아웃하려고 합니다.
This is Seong-ho Cho in room
디스 이즈　성 - 호　　조 인 루움
707. I'd like to check out now.
쎄븐지로쎄븐. 아이들 라잌 투 췌크 아웃 나우.

14. 객실 요금 지불

☆ 계산서와 카드 영수증에 사인해 주시겠습니까?
Would you sign the bill and the
우 - 쥬 싸인 더 빌 앤 - 더
credit card receipt?
크레디트 카아드 뤼씨트?

★ 이렇게 하면 됩니까?
Is this all right?
이즈 디스 올 롸잇?

★ 객실 요금을 지불하려고 합니다. 아메리칸 익스프레스 카드도 받습니까?
I want to pay my bill. Do you
아이 원 - 투 페이 마이 빌. 두 유
accept an Amrican Express Card?
억쎕트 언 어메리칸 익쓰프레쓰 카아드?

☆ 네, 받습니다.
Yes, we do.
예스, 위 두.

Global TOUR English

글로벌 여행영어

5 식당에서

5

식당에서

1. 식당 소개받기

★ 좋은 레스토랑을 소개해 주시겠습니까?
Can you suggest a good
캔　유　써제스트　어　굿
restaurant?
뤠스토란트?

☆ 그러죠. 어떤 종류의 음식을 드시고 싶
으십니까?
Yes. What kind of food
예스,　왓　카인드어브　푸드
would you like to eat?
우 - 쥴 - 라일 투　잇?

★ 이 지방의 명물 요리를 먹고 싶습니다.
I'd like to eat the best local food.
아이들 라일 투　잇　더　베스트 로우컬　푸드.

★ 이 근처에 그다지 비싸지 않은 레스토랑은 없습니까?

Is there a less expensive
이즈 데어 어 레스 익쓰펜씨브

restaurant near here?
뤠스토란트 니어 히어?

★ 한국식 레스토랑을 찾고 있습니다.

I'm looking for a Korean
아임 루킹 포 어 코리언

restaurant.
뤠스토란트.

★ 그 레스토랑은 예약해야 하나요?

Is the table reservation
이즈 더 테이블 뤠저베이션

necessary for the restaurant?
네쎄써리 포 더 뤠스토란트?

☆ 안녕하세요. 메디떼라니 식당입니다. 무엇을 도와드릴까요?

Hello, this is La Mediterranee.
헬로우, 디스 이즈 라 메디떼라니.

May I help you?
메이 아이 헬프 유?

★ 오늘 밤 8시에 4인석을 예약하려고 합니다.
I'd like to reserve a table for
아이들 라익 투 뤄저브 어 테이블 포
four at eight tonight.
포어 앳 에잇 투나잇.

★ 이번 일요일 저녁 4인석을 예약하고 싶습니다.
I'd like to reserve a table for
아이들 라익 투 뤄저브 어 테이블 포
four for this Sunday evening.
포어 포 디스 썬데이 이브닝.

☆ 4인석이요. 이름을 불러 주시겠습니까?
For four. And your name, please.
포 포어. 앤드 유어 네임, 플리즈.

★ 제 이름은 조성호입니다.
My name is Seong-ho Cho.
마이 네임 이즈 성 - 호 조.

★ 죄송하지만, 30분 정도 늦을 것 같습니다.
I'm sorry, I'll be about thirty
아임 쏘오리, 아일 비 어바웃 써티
minutes late.
미니츠 레이트.

1) 예약 확인

★ 8시에 예약했습니다. 조성호라고 합니다.
I have a reservation at eight.
아이 해브 어   뤠저베이션   앳 에잇.
My name is Seong-ho Cho.
마이 네임 이즈 성 - 호   조.

★ 저는 조성호입니다. 예약하고 왔습니다.
I'm Seong-ho Cho. I have a
아임   성 - 호   조. 아이 해브 어
reservation.
뤠저베이션.

☆ 잠시만요. 예, 여기 예약했군요.
Just a moment, please. Yes, here's
저스트 어 모먼트,   플리즈. 예스, 히어즈
your reservation.
유어   뤠저베이션.

☆ 저를 따라와 주시겠습니까?
Would you mind following me,
우 - 쥬   마인드   팔로잉   미,
please?
플리즈?

2) 테이블 변경

★ 창가 쪽 테이블로 해주십시오.
  We'd prefer a table by the window.
  위드 프리퍼 어 테이블 바이 더 윈도우.

★ 테라스의 테이블로 할 수 있습니까?
  Could we have a table on the
  쿠드 위 해브 어 테이블 온 더
  terrace?
  테러스?

★ 자리를 바꿔도 됩니까? 전망이 좋은 자리에 앉고 싶습니다.
  Can I change the table? I'd like
  캔 아이 췌인쥐 더 테이블? 아이들 라잌
  to have a table with a good view.
  투 해브 어 테이블 위드 어 굿 뷰.

3) 자리가 없을 때

★ 테이블이 생길 때까지 기다려도 됩니까?
  May we wait for a table?
  메이 위 웨이트 포 어 테이블?

★ 언제쯤이면 자리가 생깁니까?
  When can we get a table?
  웬 캔 위 겟 어 테이블?

★ 빈 자리가 있습니까?
Can we get a table?
캔　위　겟 어 테이블?

★ 4인석 테이블 있습니까?
Do you have a table for four?
두　유　해브 어 테이블 포 포어?

★ 어느 자리든 상관없습니다.
Any table is all right.
에니　테이블 이즈 올 롸잇.

2. 메뉴 보기

1) 메뉴 보기

★ 메뉴를 보여 주시겠습니까?
Would you show me the menu?
우 - 쥬 쇼우 미 더 메뉴?

★ 영어로 된 메뉴가 있습니까?
Is there an English menu?
이즈 데어 언 잉글리쉬 메뉴?

★ 주문이 정해지면 웨이터를 부르겠어요.
  I'll call a waiter when we're
  아일 콜 어 웨이터   웬   위어
  ready to order.
  뤠디 투 오더.

★ 세트 메뉴가 있습니까?
  Do you have a set menu?
  두 유   해브 어 쎄트 메뉴?

2) 요리 추천받기

★ 어떤 것을 권하시겠습니까?
  What would you recommend?
  왓   우 – 쥬   뤼커멘드?

★ 정식은 있습니까?
  Is there a set menu?
  이즈 데어 어 쎄트 메뉴?

★ 이 고장의 명물 요리가 있습니까?
  Do you have local dishes?
  두 유   해브 로우컬 디쉬즈?

★ 이 음식점의 명물 요리는 무엇입니까?
What's the special of your
왓츠　더　스페셜　어브 유어
restaurant?
뤠스토란트?

★ 주방장이 자랑하는 요리는 무엇입니까?
What's the chef's dish?
왓츠　더　셉스　디쉬?

★ 오늘의 특별 수프는 무엇입니까?
What's today's special soup?
왓츠　투데이즈　스페셜　수웁?

3) 요리에 대해 묻기

★ 이 요리는 무엇입니까?
What kind of dish is this?
왓　카인드 어브　디쉬 이즈 디스?

★ 이 요리가 무엇인지 설명해 주시겠습니까?
Would you explain what this is?
우 - 쥬　익쓰플레인　왓　디스 이즈?

★ 뜨겁고 맵습니까?
Is this hot and spicy?
이즈 디스　핫　앤드 스파이씨?

★ 어떤 것이 빨리 나옵니까?
   What can you serve quickly?
   왓   캔   유   써어브   퀵클리?

★ 콤비네이션 요리에는 무엇이 들어갑니까?
   What's in the combination
   왓츠   인   더   컴비네이션
   platter?
   플래터?

3. 주문하기

1) 음식 주문

☆ 무엇을 드시겠습니까?
   What will you have?
   왓   윌 – 류   해브?

★ (메뉴를 가리키며) 이것과 이것을 주십시오.
   This and this, please.
   디스   앤드   디스,   플리즈.

☆ 주문받아도 됩니까?
   May I take your order?
   메이   아이   테이크   유어   오더?

★ 잠시만요. 아직 정하지 못하였습니다.
Just a moment, please. I haven't
저스트 어 모먼트, 플리즈. 아이 해븐트
made up my mind yet.
메이드 업 마이 마인드 옛.

★ 웨이터, 주문해도 됩니까?
Excuse me, waiter. May I order
익쓰큐즈 미, 웨이터. 메이 아이 오더
now?
나우?

☆ 애피타이저(전채)를 드시겠습니까?
Would you like some appetizers?
우 - 쥴 - 라이크 썸 애피타이저스?

★ 쉬림프 칵테일 주십시오.
I'd like a shrimp cocktail.
아이들 라이크 어 쉬림프 칵테일.

2) 음료 주문

☆ 주문하시겠습니까?
May I take your order?
메이 아이 테이크 유어 오더?

★ 와인 리스트를 보여주시겠습니까?
Will you show me the wine list?
월 - 류   쇼우   미   더   와인 리스트?

★ 식사 전에 마실 것을 원합니다.
I'd like a drink before dinner.
아이들 라이크 어 드링크   비포   디너.

★ 무엇을 권해 주시겠습니까?
What would you recommend?
왓   우 - 쥬   뤼커멘드?

★ 시작으로 셰리주 됩니까?
May I have some sherry to begin
메이 아이 해브   썸   셰리   투   비긴
with?
위드?

★ 물 한 잔 더 주십시오.
I'd like another glass of water.
아이들 라이크 어나더   글래스 어브   워터.

☆ 어떤 종류의 술을 드시겠습니까?
What kinds of drinks would you
왓   카인즈 어브 드링크스   우 - 쥬
have?
해브?

★ 마티니 있습니까?

Do you have Martini?

두 유 해브 마티니?

☆ 위스키는 어떻게 드시겠습니까?

How would you like your

하우 우 - 쥴 - 라이크 유어

whiskey?

위스키?

★ 물과 얼음을 넣어 주십시오.

With water and ice, please.

위드 워터 앤드 아이스, 플리즈.

3) 주요리 주문

☆ 이제, 주요리를 결정하셨습니까?

Now, have you decided on your

나우, 해브 유 디싸이디드 온 유어

entrée?

앙트레?

★ 비프 스테이크와 샐러드를 주십시오.

I'll have beef steak and green

아일 해브 비프 스테이크 앤드 그린

salad.

샐러드.

☆ 스테이크는 어느 정도로 구울까요?
How would you like your steak?
하우　우 – 쥴 – 라이크　유어 스테이크?

★ 바싹 익혀 주십시오.
Well–done, please.
웰 – 던,　플리즈.

★ 중간으로 익혀 주십시오.
Medium, please.
미듐,　플리즈.

★ 덜 익혀 주십시오.
Rare, please.
레어,　플리즈.

☆ 주요리에는 무엇을 곁들이시겠습니까?
What would you like with your
왓　우 – 쥴 – 라이크　위드　유어
entrée?
앙트레?

★ 구운 감자로 해주십시오.
Baked potatoes, please.
베이크트　포테이토스,　플리즈.

☆ 달걀은 어떻게 드시겠습니까?
  How would you like your eggs?
  하우   우 - 쥴 - 라이크   유어 에그스?

★ 스크램블로 해주십시오.
  Scrambled, please.
  스크램블드,   플리즈.

☆ 야채는 무엇으로 하시겠습니까?
  What vegetables would you like?
  왓   붸지터블쓰   우 - 쥴 - 라이크?

☆ 무엇을 곁들이겠습니까?
  What would you like for your
  왓   우 - 쥴 - 라이크   포 유어
  garnish?
  가니쉬?

★ 프렌치 드레싱을 주십시오.
  I'll have French dressing.
  아일 해브   프렌취   드레씽.

4) 디저트

☆ 디저트로 무엇을 드시겠습니까?
  What would you like for dessert?
  왓   우 - 쥴 - 라이크   포 디저어트?

★ 디저트로 아이스 크림을 주십시오.
I'll have ice cream for dessert.
아일 해브 아이스 크림 포 디저어트.

★ 디저트는 들지 않겠습니다.
I'll skip the dessert.
아일 스킵 더 디저어트.

★ 저녁 식사 후에 커피를 마시겠습니다.
I'll have coffee after dinner.
아일 해브 커피 애프터 디너.

☆ 어떤 주스를 드시겠습니까?
What kind of juice
왓 카인드 어브 쥬스
would you like?
우 - 쥴 - 라이크?

★ 오렌지 주스 한 잔 주십시오.
I'll have a glass of orange juice.
아일 해브 어 글래스 어브 오린쥐 쥬스.

5) 주문 취소 · 변경

★ 커피 대신 홍차로 바꾸고 싶습니다.
May I have red tea instead of coffee?
메이 아이 해브 뤠드 티이 인스테드 어브 커피?

★ 가능하다면 주문을 취소하고 싶습니다.
I'd like to cancel my order, if
아이들 라익 투　캔슬　마이　오더, 이프
possible.
파써블.

★ 이것은 제가 주문한 것이 아닙니다.
This is not what I ordered.
디스 이즈 낫　왓 아이　오더드.

★ 이건 다른 사람의 주문 아닙니까?
Isn't this somebody else's order?
이즌트 디스　썸바디　엘지즈　오더?

★ 저는 아이스 크림이 아닌 샤베트를 주
문했습니다.
I ordered a sherbet, not ice cream.
아이 오더드　어 셔어비트,　낫 아이스 크림.

6) 남은 음식의 포장을 원할 때

☆ 다 드셨습니까?
Have you finished?
해브　유　피니쉬드?

★ 음식 정말 좋았습니다. 고맙습니다.
It was very good. Thank you.
잇 워즈 붸리 굿. 땡 - 큐.

★ 여기 테이블 좀 치워주십시오.
Please clear the table.
플리즈 클리어 더 테이블.

★ 재떨이 좀 비워주시겠습니까?
Would you empty the ashtray,
우 - 쥬 엠티 디 아쉬트레이,
please?
플리즈?

☆ 남은 것을 집으로 가져가시겠습니까?
Would you like to take it home?
우 - 쥴 - 라잌 투 테이크 잇 홈?

★ 아니오, 충분합니다.
No, thank you. I've had enough.
노, 땡 - 큐. 아이브 해드 이너프.

★ 다 먹지 못했습니다. 더기 백을 주시겠습니까?
I can't finish this. May I have
아이 캔트 피니쉬 디스. 메이 아이 해브
a doggy bag?
어 더기 백?

★ 이것 좀 포장해 주시겠습니까?
Would you wrap this for me?
우 – 쥬   웹   디스 포 미?

7) 계산하기

★ 계산은 어디에서 하면 됩니까?
Where should I pay?
웨어   슈드 아이 페이?

★ 당신에게 지불해야 합니까? 아니면 계산대에 가서 해야 합니까?
Do we pay you or the cashier?
두 위 페이 유 오어 더   캐쉬어?

★ 계산서를 주십시오.
Please give me the bill.
플리즈 기브 미 더 빌.

☆ 감사합니다. 여기 있습니다, 손님.
Thank you very much. Here you
땡 – 큐   붸리   머취.   히어   유
are, sir.
아, 써.

★ 고마워요. 약소하나마 받아 주십시오.
Thank you. This is for you.
땡 - 큐.　　　디스 이즈 포　　유.

★ 거스름 돈은 넣어 두세요.
Please keep the change.
플리즈　킵　더　췌인쥐.

★ 따로따로 계산해 주십시오.
Separate checks, please.
세퍼레이트　　　췍스,　　　플리즈.

★ 계산서 좀 주시겠습니까?
Could we have the bill, please?
쿠드　위　해브　더　빌,　플리즈?

★ 여행자 수표도 받습니까?
Would you accept the traveler's
우 - 쥬　억쎕트　더　트레블러즈
check, please?
췍크,　플리즈?

★ 이 신용 카드도 받습니까?
Do you accept this credit card?
두　유　억쎕트　디스 크레디트 카아드?

★ 서비스료도 포함된 것입니까?
Does this include a service charge?
더즈 디스 인클루드 어 써어비스 촤아쥐?

☆ 네. 15%의 서비스료가 손님의 계산서에 추가된 것입니다.
Yes. A 15 percent service charge
예스. 어 핍틴 퍼센트 써어비스 촤아쥐
has been added to your bill.
해즈 비인 애디드 투 유어 빌.

★ 쇠고기 스테이크가 내 계산서에 매겨져 있는데, 나는 이것을 주문하지 않았습니다.
You charged me for this Beef
유 촤아쥐드 미 포 디스 비프
Steak, but I didn't order it.
스테이크, 벗 아이 디든트 오더 잇.

Global
TOUR
English

글로벌 여행영어

6 관광하기

6

관광하기

1. 단체 관광

☆ 안녕하세요? 저는 제리입니다. 오늘
여러분의 가이드입니다.
Good morning. I'm Jerry.
굿   모닝.   아임   제리.
I'm your guide today.
아임   유어   가이드   투데이.

★ 이제 우리는 어디로 갑니까?
Where are we going now?
웨어   아   위   고잉   나우?

☆ 우선 헐리우드로 갑니다.
We're going to Hollywood first.
위어   고잉   투   헐리우드   퍼스트.

★ 그 곳까지 가는 데 얼마나 걸립니까?
How long does it take to get there?
하울 – 롱   더즈 잇 테익 투 겟 데어?

☆ 약 30분입니다.
   About 30 minutes.
   어바웃 써티 미니츠.

★ 헐리우드에서 섭니까?
   Do you stop at Hollywood?
   두 유 스탑 앳 헐리우드?

☆ 아니오. 버스에서 헐리우드를 구경할 겁니다.
   No. We'll see it from the bus.
   노우. 윌 씨이 잇 프롬 더 버스.

★ 관광에 점심이 포함돼 있습니까?
   Does this tour include lunch?
   더즈 디스 투어 인클루드 런취?

☆ 아니오. 식사와 음료는 각자 부담입니다.
   No. Meals and beverages are at
   노우. 밀스 앤드 베버리쥐스 아 앳
   your expense.
   유어 익쓰펜스.

2. 개인 관광

1) 관광 버스 편 알아보기

★ (맨해튼) 가는 관광 버스가 있나요?
Do you have any tour bus to
두 유 해브 에니 투어 버스 투
(Manhattan)?
(맨해튼)?

★ 일인당 얼마죠?
How much is it per person?
하우 머취 이즈잇 퍼 퍼어슨?

★ 몇 시에 출발합니까?
What time does it start?
왓 타임 다즈 잇 스타트?

★ 얼마나 걸립니까?
How long does it take?
하울 – 롱 더즈 잇 테잌?

2) 안내도 얻기

★ 관내 안내도를 얻을 수 있습니까?
Could I have a floor guide?
쿠드 아이 해브 어 플로어 가이드?

★ 한국어로 된 안내서가 있습니까?
  Do you have a guidebook in
  두 유 해브 어 가이드북 인
  Korean?
  코리언?

★ 한국말로 하는 가이드가 있습니까?
  Do you have a Korean speaking
  두 유 해브 어 코리언 스피킹
  guide?
  가이드?

3. 사진 찍기

★ 사진 좀 찍어 주시겠습니까?
  Would you mind taking a picture
  우 - 쥬 마인드 테이킹 어 픽춰
  of us?
  어브 어스?

★ 버튼만 누르면 됩니다.
  Just press the button.
  저스트 프레스 더 버튼.

★ 사진 한 장 찍어도 되겠습니까?
  Will you take one, please?
  월 - 류 테이크 원, 플리즈?

★ 여기서 사진을 찍을 수 있습니까?
Can I take a picture here?
캔 아이 테이크 어 픽쳐   히어?

4. 영화 관람

★ 오늘 저녁에 상영하는 「미트 페어런츠」 티킷을 사려고 합니다.
I'd like to buy tickets for 「Meet
아이들 라잌 투 바이 티킷츠 포   「미트
the parents」 for today evening.
더 페어런츠」 포 투데이   이브닝.

★ 학생 할인도 해줍니까?
Do you have a student reduction?
두 유 해브 어 스튜던트   뤼덕션?

★ 출입구가 어디 있습니까?
Where is the entrance?
웨어 −리즈 디   엔트런스?

5. 공연 관람

★ 무슨 작품이 상연중입니까?
What's on at the theater?
왓츠 온 앳 더 씨어터?

★ 티켓 예매는 어디서 합니까?
Where can I make a ticket
웨어　캔 아이 메이크 어　티킷
reservation?
뤠저베이션?

★ 상연 시간은 얼마나 됩니까?
How long does it take?
하울 – 롱　더즈 잇 테일?

★ 공연은 몇 시에 시작합니까?
What time does the performance
왓　타임　더즈　더　퍼포먼스
begin?
비긴?

★ 누가 출연합니까?
Who's in it?
후즈　인 잇?

★ 좌석 배치표를 볼 수 있습니까?
Do you have a guide to the
두　유　해브 어 가이드 투 더
seating?
씨이팅?

★ 발코니 3좌석을 사고 싶습니다.
   I'd like to buy three seats in the
   아이들 라잌 투 바이   쓰리   씨이츠 인 더
   balcony.
   발코니.

★ 아메리칸 익스프레스 카드로 지불하겠
   습니다.
   I'll pay for the tickets by
   아일 페이 포   더   티킷츠 바이
   American Express.
   어메리칸   익쓰프레쓰.

글로벌 여행영어

7 길 묻기

7
길묻기

1. 장소 찾기

★ 엠파이어 스테이트 빌딩이 어디 있습니까?
Where is the Empire State Building?
웨어 – 리즈 디 엠파이어 스테이트 빌딩?

★ 이 주소로 가고 싶습니다.
I'd like to go to this address.
아이들 라잌 투 고우 투 디스 어드레스.

☆ 멀지 않습니다.
It isn't far.
잇 이즌트 파.

☆ 곧장 가십시오.
Keep straight on.
킵 스트뢰이트 온.

☆ 저 교차로에서 오른쪽으로 도십시오.
Turn right at the crossroads.
터언 롸이트 앳 더 크로스로오즈.

★ 지도로 가르쳐 주십시오.
Please show me on the map.
플리즈 쇼우 미 온 더 맵.

★ 지도를 그려 주시겠습니까?
Could you draw me a map, please?
쿠 - 쥬 드로우 미 어 맵, 플리즈?

2. 화장실 찾기

★ 화장실이 어디에 있습니까?
Where's the restroom?
웨어즈 더 뤠스트룸?

☆ 코너에서 오른쪽으로 도세요.
Turn right at the corner.
턴 롸잇트 앳 더 코오너.

3. 안내소 찾기

★ 안내소가 어디에 있습니까?
Where's the information desk?
웨어즈 디 인포메이션 데스크?

☆ 1층의 우체국 있는 곳까지 복도를 따라 가세요.
Go down the hall till you reach
고우 다운 더 홀 틸 유 뤼치
the post office on the first floor.
더 포스트 오피스 온 더 퍼스트 플로어.

4. 매장 찾기

★ 의류 매장을 찾고 있습니다.
I'm looking for the clothing
아임 루킹 포 더 클로우딩
department.
디파트먼트.

☆ 엘리베이터를 타고 7층으로 가세요.
Take the elevator to the 7th floor.
테이크 디 엘리베이터 투 더 씩스쓰 플로어.

5. 길을 잃었을 때

★ 길을 잃은 것 같습니다.
I've lost my way.
아이브 로스트 마이 웨이.

★ 제가 어디 있는 거죠?
   Where am I now?
   웨어   엠 아이 나우?

★ 이 거리의 이름은 무엇입니까?
   What's the name of this street?
   왓츠   더   네임   어브 디스   스트릿?

★ 도중의 표시물은 무엇입니까?
   What landmarks are on the way?
   왓   랜드마크스   아 온 더 웨이?

★ 저 표지판은 무엇을 의미합니까?
   What does the sign say?
   왓   더즈   더   싸인 쎄이?

글로벌 여행영어

8 교통 수단 이용하기

8

교통 수단 이용하기

1. 버스 편

1) 버스 노선 묻기

★ 어느 버스 노선이 8번가에 섭니까?
Which bus line stops at 8th Ave.?
위치 버스 라인 스탑쓰 앳 에잇쓰 애버뉴?

★ 어느 버스가 내셔널 갤러리에 갑니까?
Which bus goes to the National
위치 버스 고우즈 투 더 내셔널
Gallery?
갤러리?

★ 어디에서 타임스 광장 가는 버스를 탈 수 있습니까?
Where can I catch the bus to
웨어 캔 아이 캐취 더 버스 투
the Times Square?
더 타임스 스퀘어?

★ 17번 버스는 얼마나 자주 옵니까?
How often is the No.17 bus?
하우 오픈 이즈 더 넘버 쎄븐틴 버스?

★ 다음 버스는 몇 시입니까?
What time will the next bus leave?
왓 타임 윌 더 넥스트 버스 리이브?

2) 표 사기

★ 표는 어디에서 삽니까?
Where can I get a ticket?
웨어 캔 아이 겟 어 티킷?

★ 뉴욕까지 요금은 얼마입니까?
How much is the fare to New York?
하우 머취 이즈 더 페어 투 뉴욕?

★ 뉴욕행 어른 셋과 어린이 하나 주십시오.
Three tickets for adults and one
쓰리 티킷츠 포 어덜츠 앤드 원
for a child to New York, please.
포 어 촤일드 투 뉴욕, 플리즈.

☆ 어른은 4달러입니다.
Adult fare is 4 dollars.
어덜트 페어 이즈 포 달러스.

★ 버스 안에서 차표를 살 수 있습니까?
  Can I buy a ticket on the bus?
  캔 아이 바이 어 티킷 온 더 버스?

★ 버스 노선도를 주십시오.
  May I have a bus route?
  메이 아이 해브 어 버스 루우트?

3) 갈아타기

★ 엠파이어 스테이트빌딩에 가려면 어디서 갈아타야 합니까?
  Where can I transfer to a bus for
  웨어 캔 아이 트랜스퍼 투 어 버스 포
  the Empire State Building?
  디 엠파이어 스테이트 빌딩?

★ 어디에서 갈아타야 합니까?
  Where should I change buses?
  웨어 슈드 아이 췌인쥐 버씨즈?

★ 타임스 광장으로 가려면 어디서 내려야 합니까?
  Where should I get off for the
  웨어 슈드 아이 게-로프 포 더
  Times Square?
  타임스 스퀘어?

4) 버스 안에서

★ 그곳에 도착하면 가르쳐 주십시오.
Will you let me know when I
월 – 류 렛 미 노우 웬 아이
arrive there?
어라이브 데어?

★ 뉴욕에는 몇 시에 도착합니까?
What time do we get to New York?
왓 타임 두 위 겟 투 뉴욕?

★ 언제 내려야 할지 가르쳐 주십시오.
Will you tell me when to get off?
월 – 류 텔 미 웬 투 게 – 로프?

★ 나는 다음 역에서 내립니다.
I get off at the next stop.
아이 게 – 로프 앳 더 넥스트 스탑.

★ 여기서 내려 주십시오.
Let me off here, please.
렛 미 오프 히어, 플리즈.

★ 7번 버스는 맨해튼 근처를 지나갑니까?
Does this No.7 bus go near
더즈 디스 넘버 쎄븐 버스 고우 니어
Menhattan?
맨해튼?

★ 이 버스는 타임스 광장을 갑니까?
Is this going to near the Times
이즈 디스 고우잉 투 니어   더   타임스
Square?
스퀘어?

2. 택시 편

1) 택시 타기

★ 택시 타는 곳은 어디입니까?
Where's the taxi stand?
웨어즈   더 택시 스탠드?

★ 택시를 불러 주십시오.
Please call a taxi for me.
플리즈   콜 어 택시 포 미.

★ 제 짐을 트렁크에 넣어 주시겠습니까?
Could you put my luggage in
쿠 - 쥬   풋 마이 러기쥐 인
the trunk?
더 트렁크?

☆ 어디로 모실까요?
Where can I take you, sir?
웨어   캔 아이 테이크 유, 써어?

★ 이 주소로 가 주십시오.
  To this address, please.
  투 디스 어드레스, 플리즈.

★ 역까지 가 주십시오.
  Take me to the station, please.
  테이크 미 투 더 스테이션, 플리즈.

2) 요금 묻기

★ 카네기 홀까지는 대개 얼마입니까?
  About how much is it to the
  어바웃 하우 머취 이즈 잇 투 더
  Carnegie Hall?
  카네기 홀?

★ 거기까지 가는데 택시비가 얼마나 됩니까?
  How much will it be?
  하우 머취 윌 잇 비?

★ 거기까지 13달러 미만으로 갈 수 있습니까?
  Can you take me there for under
  캔 유 테이크 미 데어 포 언더
  13 dollars?
  써틴 달러즈?

★ 요금이 얼마입니까?
  How much is the fare?
  하우 머취 이즈 더 페어?

3) 택시에서 내리기

★ 여기에서 세워 주십시오.
  Stop here, please.
  스탑 히어, 플리즈.

★ 여기면 됐습니다.
  Right here.
  롸이트 히어.

★ 저 건물 앞에서 세워 주십시오.
  Stop in front of that building,
  스탑 인 프런트 어브 댓 빌딩,
  please.
  플리즈.

★ 여기서 내려 주십시오.
  Let me off here.
  렛 미 오프 히어.

4) 요금 지불하기

★ 거스름 돈은 넣어 두십시오.
Please keep the change.
플리즈 킵 더 췌인쥐.

★ 요금이 너무 많이 나왔네요.
You're overcharging me.
유 아 오버촤징 미.

★ 요금이 미터와 틀립니다.
The rate is different from the meter.
더 뤠이트 이즈 디퍼뤈트 프롬 더 미터.

3. 지하철 편

1) 표 사기

★ 지하철 표는 어디에서 삽니까?
Where can I buy subway tickets?
웨어 캔 아이 바이 썹웨이 티킷츠?

★ 하루 여행권을 주십시오.
One-day travel ticket, please.
원 - 데이 트레블 티킷, 플리즈.

★ 빅토리아 역 하나요.
Victoria one, please.
빅토리아   원,   플리즈.

★ 3구역 4장이요.
Three-zone four, please.
쓰리 - 존   포어,   플리즈.

★ 지하철 노선표 좀 주시겠습니까?
May I have a subway route map?
메이 아이 해브 어   썹웨이   루우트   맵?

2) 지하철 타기

★ 지하철 역은 어디에 있습니까?
Where is a subway station
웨어 - 리즈 어   썹웨이   스테이션
around here?
어롸운드   히어?

★ 지하철로 그곳에 가고 싶습니다.
I want to go there by subway.
아이 원 - 투   고우   데어   바이   썹웨이.

★ 월가로 가려면 어느 역에서 내려야 합니까?
I'd like to go to Wall Street. Which
아이들 라잌 투 고우투 월 스트리트. 위치
subway station should I get off?
썹웨이 스테이션 슈드 아이 게-로프?

★ 어느 역에서 갈아타야 합니까?
Which station can I change?
위치 스테이션 캔 아이 췌인쥐?

4. 기차 편

1) 표 사기

★ 매표소는 어디 있습니까?
Where can I get a ticket?
웨어 캔 아이 겟어 티킷?

★ 예약 창구는 어디입니까?
Where can I make a reservation?
웨어 캔 아이 메이크 어 뤠저베이션?

★ 타임테이블이 어디 있습니까?
Where is the timetable?
웨어 -리즈 더 타임테이블?

★ 오늘부터 유레일 패스를 사용하고 싶습니다.
I want to begin to use the Eurail
아이 원 - 투   비긴 투 유스 더   유레일
pass today.
패스 투데이.

★ 날짜가 잘못 적혀 있어요. 고쳐 주십시오.
This date is wrong. Correct this
디스 데이트 이즈 륑.   커렉트   디스
on the pass.
온 더 패스.

2) 기차표 예약 1

★ 이 열차의 자리를 예약하고 싶습니다.
I'd like to reserve a seat on this
아이들 라일 투   뤼저브 어 씨잇 온 디스
train.
트레인.

★ 침대 차는 있습니까?
Is there a sleeping car?
이즈 데어 어   슬리핑   카?

★ 막차 출발 시각은 몇시입니까?
What time does the last train leave?
왓   타임   더즈 더 래스트 트레인 리이브?

★ 돌아오는 기차는 몇 시에 있습니까?
What time trains can I take to
왓　타임　트레인즈　캔 아이 테잌 투
come back?
컴　　백?

★ 이 자동 판매기는 어떻게 작동하죠?
Will you show me how to use
윌－류　쇼우　미　하우 투 유스
this vending machine?
디스　벤딩　　머신?

★ 편도는 얼마입니까?
What's the one-way fare?
왓츠　더　원－웨이　풰어?

★ 왕복권은 얼마입니까?
What's the round-trip fare?
왓츠　더　롸운드－트립　풰어?

★ 뉴욕행 자리 하나를 예약하고 싶습니다.
　내일 오후 3시 차의 자리 있습니까?
I'd like to reserve a seat to
아이들 라잌 투　뤼저브 어 씨잇 투
New York. Can I get a seat on
뉴욕.　　캔 아이 겟 어 씨잇 온
tomorrow's 3 p.m.?
투모로우즈　쓰리 피엠?

★ 쿠셋칸이 있습니까?
Are there couchettes?
아 데어 쿠셋츠?

★ 뉴욕까지 쿠셋 요금은 얼마입니까?
How much is it to take a
하우 머취 이즈 잇 투 테이크어
couchette to New York?
쿠셋 투 뉴욕?

★ 맨해튼까지의 2등실 편도 티킷을 3매 주십시오.
Three second class one way
쓰리 쎄컨드 클래스 원 웨이
tickets to Manhattan, please.
티킷츠 투 맨해튼, 플리즈.

3) 기차표 예약 2

★ 유레일 패스로 탈 수 있습니까?
Can we get it on with the Eurail
캔 위 겟 잇 온 위드 더 유레일
pass?
패스?

★ 예약하지 않아도 열차를 탈 수 있습니까?
Can I get on this train without a
캔 아이 겟 온 디스 트레인 위드아웃 어
reservation?
뤠저베이션?

★ 이 표를 일등석으로 바꾸고 싶습니다.
I'd like to change the ticket to
아이들 라잌 투 췌인쥐 더 티킷 투
first class.
퍼스트 클래스.

★ 몇 번 트랙에서 출발합니까?
What track does it leave from?
왓   트랙 더즈 잇 리브 프롬?

★ 기차표를 무를 수 있습니까?
Can I cancel this ticket?
캔 아이 캔슬   디스 티킷?

4) 기차 안에서

★ 이 열차가 뉴욕행 맞습니까?
Is this the right train for New York?
이즈 디스 더 롸잇 트레인 포   뉴 욕?

★ 이 기차는 맨해튼에 섭니까?
Does this train stop at Manhattan?
더즈 디스 트레인 스탑 앳 맨해튼?

★ 지금 어디를 지나고 있습니까?
Where are we passing now?
웨어 아 위 패씽 나우?

★ 다음 정거장은 어디입니까?
Where is the next stop?
웨어 – 리즈 더 넥스트 스탑?

★ 뉴욕에 가려면 어디에서 갈아타야 합니까?
Where should I change trains to
웨어 슈드 아이 췌인쥐 트레인즈 투
get to New York?
겟 투 뉴욕?

★ 자리 있습니까?
Is this seat taken?
이즈 디스 씨잇 테이큰?

★ 창을 열어도 좋습니까?
May I open the window?
메이 아이 오픈 더 윈도우?

★ 여기서 담배를 피워도 됩니까?
May I smoke here?
메이 아이 <u>스모크</u> 히어?

★ 차장이 어디 있는지 아십니까?
Do you know where the conductor
두 유 노우 웨어 더 컨덕터
is?
이즈?

★ 이 기차에 식당 칸이 있습니까?
Is there a dining car on this train?
이즈 데어 어 다이닝 카 온 디스 트레인?

5. 배 편

★ 허드슨 강 유역까지 가는 배는 어디서
탑니까?
Where can I board the ship to
웨어 캔 아이 보어드 더 쉽 투
the Hudson River water front?
더 허드슨 뤼버 워터 프론트?

★ 승선 시간이 몇 시입니까?
What time do we board?
왓 타임 두 위 보어드?

★ 언제 출발합니까?
When does it sail?
웬   더즈 잇 쎄일?

★ 배멀미가 몹시 심합니다.
I'm very seasick.
아임   붸리   씨식크.

★ 1등석을 예약하고 싶습니다.
I'd like to reserve a first class.
아이들 라일 투   뤼저브   어 퍼스트 클래스.

6. 렌터카 편

★ 렌터카는 어디에서 빌립니까?
Where can I rent-a-car?
웨어   캔 아이   뤤터카?

★ 렌터카를 빌리고 싶습니다.
I want to rent-a-car.
아이 원 - 투   뤤터카.

★ 어떤 종류의 차를 구비하고 있습니까?
What kinds of cars do you have?
왓   카인즈 어브 카즈 두   유   해브?

★ 수동식 차를 빌리고 싶습니다.
I prefer the manual.
아이 프리퍼 더 매뉴얼.

★ 한국 차 있습니까?
Do you have Korean cars?
두 유 해브 코리언 카즈?

★ 이 차종을 7일간 빌리고 싶습니다.
I'd like to rent this kind of car for
아이들 라잌 투 뤤트 디스 카인드 어브 카 포
seven days.
쎄븐 데이즈.

★ 요금표를 보여 주십시오.
Can I see a list of your rates?
캔 아이 씨이 어 리스트 어브 유어 뤠이츠?

★ 선금입니까?
Do I pay a deposit?
두 아이 페이어 디파짓?

★ 빌리는 기간을 넘겼을 때 요금을 얼마나
더 지불해야 합니까?
How much will it be if I go over
하우 머취 윌 - 릿 비 이프 아이 고우 오버
the rental period?
더 뤤탈 피리어드?

☆ 이 양식에 기입해 주십시오.
Please fill out this form.
플리즈 필 아웃 디스 폼.

★ 보험에 들었습니까?[*]
Is there insurance coverage?
이즈 데어 인슈어런스 커버리지?

★ 보험의 모든 사항에 들려면 얼마나 듭니까?
How much would it cost for full
하우 머취 우드 잇 코스트 포 풀
coverage?
커버리지?

★ 사고가 났을 경우 연락처를 가르쳐 주십시오.
Give me some places to call in
기브 미 썸 플레이시즈 투 콜 인
case of trouble.
케이스 어브 트러블.

★ 고장나거나 사고가 났을 경우 어떻게 해야 합니까?
What should I do in case of a
왓 슈드 아이 두 인 케이스 어브 어
breakdown or an accident?
브레이크다운 오어 언 액씨던트?

★ 시범 운전을 해봐도 됩니까?
Can I take it for a trial run?
캔 아이 테이크 잇 포 어 트라이얼 런?

1) 차 돌려주기

★ 이 차를 되돌려드리려 합니다.
I want to return this car.
아이 원 - 투   뤼턴   디스 카.

☆ 네. 계약서를 볼 수 있습니까?
Yes, sir. Could I see your contract?
옛 - 써어.   쿠드 아이 씨이 유어 컨트랙트?

★ 워싱턴에 있는 홀리데이 인으로 차를 배달해 주시겠습니까?
Will you deliver the car to the
월 - 류   딜리버   더 카 투 더
Holiday Inn, Washington?
홀리데이   인,   워싱턴?

★ 위스콘신 주에 차를 놔 두어도 됩니까?
Can I drop the car off at
캔 아이 드롭   더 카 오프 앳
Wisconsin?
위스콘신?

★ 당신네 지점 어디에나 돌려 주어도 됩니까?
Can I drop the car off at any of
캔 아이 드롭 더 카 오프 앳 에니 어브
your branches?
유어 브랜치즈?

7. 주유소에서

★ 가장 가까운 주유소는 어디입니까?
Where's the nearest petrol(gas)
웨어즈 더 니어리스트 페트롤 (개스)
station?
스테이션?

★ 여기다 주차할 수 있습니까?
Can I park here?
캔 아이 파크 히어?

★ 1갤론당 얼마입니까?
How much is it per gallon?
하우 머취 이즈 잇 퍼 갤런?

★ 10갤론 주십시오.
Ten gallons of gas, please.
텐 갤런즈 어브 개스, 플리즈.

★ 30달러어치 주십시오.
Thirty dollars, please.
써티   달러즈,   플리즈.

★ 보통으로 가득 채워 주십시오.
Fill it up with regular, please.
필 잇 업 위드   레귤러,   플리즈.

8. 차가 고장났을 때

★ 시동이 걸리지 않습니다.
My car won't start.
마이 카 오운트 스타트.

★ 차가 고장났습니다. 점검해 주십시오.
My car is out of order. Please
마이 카 이즈아웃 어브 오더.   플리즈
come and check it.
컴 앤드   췌크 잇.

★ 수리하는 데 비용이 얼마나 듭니까?
How much will it cost?
하우   머취   윌 - 릿 코스트?

★ 수리하는 데 얼마나 걸립니까?
How long will it take to fix it?
하울 – 롱   월-릿 테잌 투 픽씻?

★ 브레이크 좀 봐 주십시오.
Please check the brake.
플리즈   췌크   더 브레이크.

★ 차 사고가 났습니다.
We had a car accident.
위 해드 어 카   액씨던트.

★ 오일과 냉각수를 봐 주십시오.
Check the oil and water, please.
췌크   디 오일 앤드   워터,   플리즈.

Global
TOUR
English

글로벌 여행영어

9 쇼핑하기

9

쇼핑하기

1. 상점가 묻기

★ 백화점은 어디 있습니까?
  Where is a department store?
  웨어 - 리즈 어   디파트먼트   스토어?

★ 어디가 상가 지역입니까?
  Where is the main shopping area?
  웨어 - 리즈 더   메인   쇼핑 에어리어?

★ 이 근처에 편의점이 있습니까?
  Is there a CVS(Convenience Store)
  이즈 데어 어   씨뷔에쓰 (컨비니언스 스토어)
  near here?
  니어   히어?

★ 서점은 어디 있습니까?
  Where's the book store?
  웨어즈   더   북   스토어?

★ 이 지방의 특산품은 무엇입니까?
What are some special products
　왓　　아　썸　　스페셜　　프로덕츠
of this local?
어브 디스 로우컬?

2. 상점에서

1) 물건 보기 1

☆ 뭘 보여드릴까요?
What can I show you?
　왓　　캔 아이 쇼우　　유?

☆ 무엇을 찾고 계십니까?
What are you looking for?
　왓　아　유　루킹　　포?

★ 40달러 안팎의 가방이 있습니까?
Do you have bags for around
두　유　해브　백쓰 포 어라운드
fourty dollars?
포티　　달러즈?

★ 가죽 제품 있습니까?
Do you have leather goods?
두　유　해브　레더　　굿즈?

★ 넥타이를 좀 보고 싶습니다.
I'd like to see some neckties.
아이들 라일 투 씨이 썸 넥타이즈.

★ 액세서리 파는 곳은 어디입니까?
Where is the counter for
웨어 −리즈 더 카운터 포
accessories?
액쎄서리즈?

2) 물건 보기 2

★ 윈도우에 있는 것을 보여주십시오.
Please show me the one in the
플리즈 쇼우 미 더 원 인 더
window.
윈도우.

★ 미국 특유의 기념품을 원합니다.
I'd like a souvenir that could
아이들 라이크 어 수우버니어 댓 쿠드
only come from America.
오운리 컴 프롬 어메리카.

★ 둘러보고 있을 뿐입니다.
I'm just looking around.
아임 저스트 루킹 어롸운드.

★ 다시 말씀해 주시겠습니까?
   Beg your pardon?
   베그 유어   파든?

★ 그것 좀 보여주시겠습니까?
   May I see that one, please?
   메이 아이 씨이 댓 원,   플리즈?

★ 저 좀 도와 주시겠습니까?
   Can you help me?
   캔 유 헬프 미?

3) 물건 보기 3

☆ 물건은 정하셨습니까?
   Have you been taken care of?
   해브 유 비인 테이큰 캐어 어브?

★ 지금 결정하지 못하겠습니다.
   I can't decide now.
   아이 캔트 디싸이드 나우.

★ 죄송하지만, 좀더 둘러봐야겠습니다.
   Sorry, but I'll look around
   쏘오리, 벗 아일 룩   어롸운드
   some more.
   썸   모어.

★ 어느 쪽을 권하겠습니까?
Which do you recommend?
위치 두 유 뤼커멘드?

4) 물건 보기 4

★ 다른 색을 볼 수 있습니까?
May I see some others in different
메이 아이 씨이 썸 아더스 인 디퍼런트
colors?
컬러즈?

★ 다른 모양의 가방을 볼 수 있습니까?
May I see other types of bag?
메이 아이 씨이 아더 타입쓰 어브 백?

★ 다른 것으로 보여주시겠습니까?
Will you show me another one,
월 - 류 쇼우 미 어나더 원,
please.
플리즈.

★ 이 스커트로 한 치수 작은 것 있어요?
Do you have this skirt in a
두 유 해브 디스 스커트 인 어
smaller size?
스몰러 싸이즈?

★ 다른 스웨터도 보여 주시겠어요?
Will you show me some other
윌 - 류   쇼우   미   썸   아더
sweater?
스웨터?

5) 입어 보기 1

★ 입어 봐도 됩니까?
May I try it on?
메이아이 트라이 잇 온?

★ 이것을 입어 보고 싶습니다.
I'd like to try it on.
아이들라일투 트라이 잇 온.

★ 옷 입어 보는 곳은 어디에 있습니까?
Where's the fitting room?
웨어즈   더   피팅   루움?

★ 제 치수를 좀 재어 주시겠습니까?
Would you take my measurements?
우 - 쥬 테이크 마이   매줘먼츠?

6) 입어 보기 2

★ 잘 어울립니까?
How does it look?
하우 더즈 잇 룩?

☆ 당신에게 어울리는 것 같습니다.
I think it suits you.
아이 씽크 잇 수츠 유.

★ 잘 맞아요.
This is fine.
디스 이즈 퐈인.

★ 매우 편안해요.
These are very comfortable.
디즈 아 붸리 컴퍼터블.

★ 작아서 꽉 끼이네요.
They're too small.
데이아 투 스몰.

★ 너무 큽니다.
It's too big.
잇츠 투 빅.

3. 계산하기

1) 가격 문의

★ 이것은 얼마입니까?
How much is it?
하우 머취 이즈잇?

★ 세금을 포함한 가격입니까?
Does the price include tax?
더즈 더 프라이스 인클루드 택스?

★ 이것은 면세가 되어 있습니까?
Is this tax free?
이즈 디스 택스 프리?

★ 너무 비쌉니다.
It's too expensive.
잇츠 투 익쓰펜씨브.

★ 좀더 싼 것을 볼 수 있습니까?
May I see some less expensive ones?
메이 아이 씨이 썸 레스 익쓰펜씨브 원즈?

2) 가격 흥정

★ 가격을 깎아 주실 수 있습니까?
  Could you give me a discount?
  쿠 - 쥬 기브 미 어 디스카운트?

★ 가격을 깎아 주신다면 사겠어요.
  I'll take it if you give me a
  아일 테이크 잇이프 유 기브 미 어
  discount.
  디스카운트.

☆ 이것을 원가로 드리겠습니다.
  I'll give you it at cost(price).
  아일 기브 유 잇 앳 코스트(프라이스).

3) 지불하기

★ 전부 얼마입니까?
  How much in all?
  하우 머취 인 올?

★ 얼마입니까?
  How much is it?
  하우 머취 이즈잇?

☆ 현금으로 지불하겠습니까? 아니면 크레
디트 카드로 지불하겠습니까?
Cash or charge?
캐쉬 오어 촤아쥐?

★ 여행자 수표도 받습니까?
Do you accept traveler's checks?
두 유 억쎕트 트레블러스 첵스?

★ 크레디트 카드를 받습니까?
Do you accept a credit card?
두 유 억쎕트 어 크레디트 카아드?

4) 영수증받기

★ 영수증을 주시겠습니까?
May I have a receipt, please?
메이 아이 해브 어 뤼씨트, 플리즈?

★ 계산이 틀리지 않았습니까?
Isn't here a mistake in the bill?
이즌트 히어-러 미스테이크 인 더 빌?

★ 거스름돈이 모자랍니다.
I think I was shortchanged.
아이 씽크 아이 워즈 숏췌인쥐드.

★ 돈을 더 낸 것 같군요.
I think I was overcharged.
아이 씽크 아이 워즈 오버촤아쥐드.

5) 반품 · 환불하기

★ 다른 것으로 바꿀 수 있습니까?
Can I exchange it for something
캔 아이 익쓰췌인쥐 잇 포   썸씽
else?
엘즈?

★ 반품을 하고 돈을 환불해 주시겠어요?
　~때문에 …
Can I have a refund on this?
캔 아이 해브 어 뤼펀드 온 디스?
because~.
비코우즈~.

★ 좀더 작은 사이즈로 바꿔 주시겠어요?
Could I exchange it for a
쿠드 아이 익쓰췌인쥐 잇 포 어
smaller size?
스몰러 싸이즈?

6) 포장

★ 선물용으로 포장해 주시겠습니까?
Can I have it gift-wrapped?
캔 아이 해브 잇   기프트-뤱트?

★ 포장해 주십시오.
Please wrap it up.
플리즈   뤱 잇 업.

★ 배달해 주시겠습니까?
Can I have it delivered?
캔 아이 해브 잇   딜리버드?

★ 이 유리 제품을 깨지지 않게 해주십시오.
Keep this glass from breaking.
킵   디스 글래스 프롬   브레이킹.

Global
TOUR
English

글로벌 여행영어

10 질병과 사고

10
질병과 사고

1. 병원 예약하기

★ 의사 선생님과 예약하고 싶습니다.
I'd like to make an appointment
아이들 라잌투 메이크 언 어포인트먼트
to see the doctor.
투 씨이 더 닥터.

★ 병원에 데려다 주시겠습니까?
Would you take me to the
우 - 쥬 테이크 미 투 더
hospital?
호스피틀?

★ 앰뷸런스를 불러 주십시오.
Call an ambulance, please.
콜 언 앰뷸런스, 플리즈.

★ 아픔을 멈추게 해주십시오.
Please stop the pain.
플리즈 스탑 더 페인.

★ 구급 조치를 취해 주십시오.
Could you give me first aid?
쿠 - 쥬 기브 미 퍼스트 에이드?

★ 어디에다 연락하면 됩니까?
Where should I inform?
웨어 슈드 아이 인폼?

★ 의사를 불러 주십시오.
Call a doctor, please.
콜 어 닥터, 플리즈.

★ 내과 의사의 진찰을 받고 싶습니다.
I'd like to see a doctor of internal
아이들 라잌 투 씨이 어 닥터 어브 인터널
medicine.
메디슨.

2. 진찰하기 1

☆ 어떻게 오셨습니까?
What seems to be the problem?
왓 씸즈 투 비 더 프라블럼?

☆ 어디가 아픕니까?
Where is the pain?
웨어 -리즈 더 페인?

☆ 어떤 증상입니까?
What symptoms do you have?
왓　　씸텀즈　　두 유　해브?

☆ 만지면 아픕니까?
Does it hurt when I touch it?
더즈 잇 허트　웬 아이 터취 잇?

☆ 열은 있습니까?
Do you have a fever?
두 유　해브 어 퓌버?

☆ 계속 아팠습니까?
Does it hurt all the time?
더즈 잇 허트 올 더　타임?

☆ 그 밖에 아픈 데는 없습니까?
Do you have pain anywhere else?
두 유　해브 페인　에니웨어　엘즈?

☆ 숨을 들이마십시오.
Breathe in, please.
브리이드　인,　플리즈.

3. 진찰하기 2

★ 뭐가 잘못된 겁니까?(무슨 병입니까?)
What's wrong with me?
왓츠 룅 위드 미?

★ 얼마나 나쁩니까?
How bad is it?
하우 배드 이즈 잇?

★ 상태가 어떻습니까?
How do you feel?
하우 두 유 필?

★ 불쾌하고 짜증이 납니다.
I become fretty and irritated.
아이 비컴 프레티 앤드 이러테이티드.

★ 여전히 몸이 안 좋습니다.
I still don't feel well.
아이 스틸 도운트 필 웰.

★ 조금(많이) 나아진 것 같습니다.
I feel little (much) better.
아이 필 리틀 (머취) 베터.

4. 두통

★ 통증 때문에 잠을 잘 수가 없습니다.
I couldn't sleep because of the
아이 쿠든트　　슬립　　비코우즈 어브 더
pain.
페인.

★ 두통이 있습니다.
I have a headache.
아이 해브 어　헤드에이크.

★ 관자놀이가 지끈거립니다.
There's throbbing pain in my
데어즈　　쓰로빙　　페인 인 마이
temples.
템플즈.

★ 현기증이 납니다.
I feel dizzy.
아이 필　디지.

★ 머리가 멍합니다.
My head feels heavy.
마이　헤드　필즈　해뷔.

★ 머리가 지끈거립니다.
My head throbs.
마이　헤드　쓰로브즈.

5. 감기

★ 감기 걸렸습니다.
I have a cold.
아이 해브 어 코울드.

★ 유행성 감기에 걸린 것 같습니다.
I have a touch of the flu.
아이 해브 어 터취 어브 더 플루.

★ 식욕이 없습니다.
No appetite at all.
노 에피타이트 앳 올.

★ 어젯밤부터 열이 났습니다.
I've been feverish since last night.
아이브 비인 피붜뤼쉬 씬스 래스트 나잇.

★ 한기가 듭니다.
I feel chilly.
아이 필 췰리.

★ 몸이 나른합니다.
I have rather dull.
아이 해브 뢔더 덜.

★ 항상 재채기가 납니다.
   I'm always sneezing.
   아임 올웨이즈   스니징.

6. 목이 아플 때

★ 목이 아픕니다.
   I have a sore throat.
   아이 해브 어 쏘어 쓰로우트.

★ 편도선이 부은 것 같습니다.
   I have a swollen tonsil.
   아이 해브 어 스워울른   탄슬.

★ 아무 음식도 삼킬 수가 없습니다.
   I can't keep any food down.
   아이 캔트 킵   에니 푸드   다운.

★ 한 번 시작하면 기침이 멈추질 않습니다.
   I can't stop coughing, once it starts.
   아이 캔트 스탑   커핑,   원스 잇 스타아츠.

★ 콧물이 납니다.
   My nose keeps running.
   마이 노우즈   킵스   뤄닝.

★ 코가 막혔습니다.
My nose is stopped up.
마이 노우즈 이즈 스탑트 업.

★ 숨쉬기가 힘듭니다.
It's hard for me to breathe.
잇츠 하드 포 미 투 브리이드.

7. 위통

★ 만성 위통이 있습니다.
I'm troubled with chronic
아임 트러블드 위드 크로닉
stomachaches.
스터머케잌스.

★ 위경련이 일어납니다.
A spasm develops.
어 스패즘 디벨럽스.

★ 갑자기 위가 아프기 시작했습니다.
My stomach has suddenly
마이 스터머크 해즈 써든리
begun to hurt.
비건 투 허트.

★ 위가 묵직하게(톡 쏘게) 아픕니다.
I have a dull(sharp) pain in the
아이 해브 어 덜   (샤프) 페인 인 더
stomach.
스터머크.

★ 위가 비었을 때는 아프기 시작합니다.
Whenever my stomach is empty,
웬에버   마이   스터머크 이즈 엠티,
it begins to hurt.
잇 비긴즈 투 허트.

★ 식사 후면 위가 아픕니다.
My stomach aches after meals.
마이   스터머크   에익스 애프터 미일즈.

8. 복통

★ 먹은 것을 모두 토합니다.
I throw up all I eat.
아이 쓰루우 업 올아이 잇.

★ 아랫배가 아픕니다.
I have a pain in the lower
아이 해브 어 페인 인 더 로우워
abdomen.
앱더먼.

★ 오른쪽 배가 갑자기 아픕니다.
The right-hand side of my
더   롸이트 – 핸드 사이드 어브 마이
abdomen suddenly began to
앱더먼   써든리   비게인 투
hurt.
허트.

★ 식중독 같습니다.
It may be food poisoning.
잇 메이 비 푸드   포이즈닝.

★ 메스껍습니다.
I feel nauseated.
아이 필   너쉬에이티드.

★ 설사를 합니다.
I have diarrhea.
아이 해브   다이어리어.

★ 소화 불량입니다.
I have indigestion.
아이 해브   인디제스쳔.

9. 피부염

★ 온몸에 습진이 생겼습니다.
I have a rash all over the body.
아이 해브 어 래쉬 올 오버 더 바디.

★ 얼굴에 빨간 반점이 났습니다.
I have red specks on the face.
아이 해브 레드 스펙쓰 온 더 페이쓰.

★ 얼굴을 벌레에 물렸습니다.
I got stung by an insect on the
아이 갓 스팅 바이 언 인쎅트 온 더
face.
페이쓰.

★ 온몸이 가렵습니다.
I feel itchy all over my body.
아이 필 잇춰 올 오우버 마이 바디.

★ 피부염이 생겼습니다.
I get sunburn inflammation of
아이 겟 썬번 인플러메이션 어브
skin.
스킨.

★ 변비가 심합니다.
   My constipation is bad.
   마이   칸스터페이션   이즈 배드.

★ 빈혈이 심합니다.
   I suffer from a bad case of
   아이 써퍼   프롬 어 배드 케이스 어브
   anemia.
   어니미어.

10. 삐었을 때 · 다쳤을 때

★ 차에 치였습니다.
   I was hit by a car.
   아이 워즈 힛 바이 어 카.

★ 오른 발목이 삐었습니다.
   My right ankle is sprained.
   마이 라이트   앵클 이즈 스프뤠인드.

★ 팔을 베었습니다.
   I've got a cut on my arm.
   아이브 갓 어 컷 온 마이 아암.

★ 왼팔을 다쳤습니다.
   My left arm hurts.
   마이 레프트 아암   허츠.

★ 오른팔을 움직일 수가 없습니다.
I can't move my right arm.
아이 캔트 무브 마이 롸이트 아암.

★ 계단을 잘못 디뎠습니다.
I missed my step on the stairs.
아이 미스트 마이 스텝 온 더 스테어즈.

★ 여기에 통증이 있습니다.
I have a pain here.
아이 해브 어 페인 히어.

11. 상처가 났을 때

★ 피가 납니다.
It's bleeding.
잇츠 블리딩.

★ 손이 부었습니다.
My hand is swollen.
마이 핸드 이즈 스워울른.

★ 상처가 매우 아픕니다.
The wound hurts very much.
더 우운드 허츠 붸리 머취.

★ 목이 부었습니다.
The throat is inflamed.
더 쓰로우트 이즈 인플레임드.

★ 등이 몹시 아픕니다.
I have a severe pain in my back.
아이 해브 어 시비어 페인 인 마이 백.

★ 손가락에 가시가 박혔습니다.
I ran a splinter into my finger.
아이 랜 어 스플린터 인투 마이 핑거.

★ 목 근육이 뻣뻣해서 머리를 움직일 수가 없습니다.
I strained my neck and can't
아이 스트뤠인드 마이 넥 앤드 캔트
move my head.
무브 마이 헤드.

12. 치통

★ 치통이 있습니다.
I have a toothache.
아이 해브 어 투쓰에이크.

★ 어젯밤부터 아프기 시작했습니다.
The pain started last night.
더 페인 스타티드 래스트 나잇.

★ 이 치아가 흔들거립니다.
This tooth is loose.
디스 투쓰 이즈 루즈.

★ 잇몸이 너무 부어서 먹을 수가 없습니다.
My gums are so swollen that I
마이 검즈 아 쏘우 스워울른 댓 아이
can't eat.
캔트 잇.

★ 잇몸에서 피가 납니다.
My gums are bleeding.
마이 검즈 아 블리딩.

★ 봉 박은 것이 빠졌습니다.
The filling has fallen out.
더 필링 해즈 폴른 아웃.

★ 금으로 씌워 주십시오.
Please put a gold filling in.
플리즈 풋 어 골드 필링 인.

13. 진찰받은 후에

★ 매일 병원에 와야 합니까?
Do I have to come to the
두 아이 해브 투 컴 투 더
hospital every day?
호스피틀 에브리 데이?

★ 병원에 입원해야 합니까?
Will I have to stay in a hospital?
윌 아이 해브 투 스테이 인 어 호스피틀?

★ 어떤 처방이 좋습니까?
What sort of treatment will help?
왓 소오트 어브 트리이트먼트 윌 헬프?

★ 안정을 취해야 합니까?
Do I have to keep still?
두 아이 해브 투 킵 스틸?

★ 계속 여행을 할 수 있습니까?
Can I continue traveling?
캔 아이 컨티뉴 트뤠블링?

★ 어떤 음식을 피해야 합니까?
What foods should I avoid?
왓 푸즈 슈드 아이 어보이드?

★ 목욕해도 됩니까?
Can I take a bath?
캔 아이 테이크 어 배쓰?

★ 낫는 데 얼마나 걸립니까?
How long will it take before I
하울 − 롱　월　잇 테이크　비포 아이
get well?
겟　웰?

☆ 이 처방전을 약국에 가져가십시오.
Take this prescription to the
테이크 디스　프리스크립션　투 더
pharmacy.
파머시.

★ 약국이 어디 있습니까?
Where is the pharmacy?
웨어 −리즈　더　파머시?

★ 상비약을 파는 곳이 어디입니까?
Is there any place selling
이즈 데어　에니 플레이스　쎌링
household medicines?
하우스홀드　메디슨즈?

14. 약국에서 1

☆ 처방전을 주시겠습니까?
May I have a prescription?
메이 아이 해브 어   프리스크립션?

☆ 처방전 가져오셨습니까?
Do you have the prescription?
두 유 해브 더   프리스크립션?

★ 아뇨.
No. I don't.
노우. 아이 도운트.

★ 닥터 톰슨의 처방전입니다.
Here's a prescription from
히어즈 어   프리스크립션   프롬
Dr. Thomson.
닥터   톰슨.

★ 이 처방대로 조제해 주실 수 있습니까?
Can you prepare this
캔 유 프리페어 디스
prescription for me, please?
프뤼스크립션   포 미, 플리즈?

☆ 의사에게 가십시오.
See a doctor, please.
씨이 어   닥터,   플리즈.

15. 약국에서 2

★ 소화제 좀 주십시오.
I'd like some medicine for
아이들 라이크 썸   메디슨   포
indigestion.
인디제스천.

★ 두통에 듣는 약 있습니까?
What do you have for a
왓   두 유   해브 포 어
headache?
헤드에이크?

★ 녹여 먹는 알약을 원합니다.
I'd like some throat lozenges.
아이들 라이크 썸   쓰로우트   라진쥐스.

★ 벌레 쏘인 데 듣는 약을 주십시오.
I'd like medicine for insect bites.
아이들 라이크 메디슨   포   인쎄트   바이츠.

Global
TOUR
English

글로벌 여행영어

11 전화 · 우체국 · 은행

11
전화 · 우체국 · 은행

1. 전화

1) 공중 전화 사용하기

★ 이 전화로 시내 통화하려면 어떻게 해야
  합니까?
  How can I make a local call
  하우   캔 아이 메이크 어 로우컬   콜
  from this phone?
  프롬 디스   폰?

★ 이 전화 사용법을 가르쳐 주십시오.
  Will you tell me how to make
  월 － 류 텔 미 하우 투 메이크
  a call from this phone?
  어 콜 프롬 디스   폰?

★ 공중 전화는 어디에 있습니까?
  Where is a pay phone(public
  웨어 － 리즈 어 페이   폰   (퍼블릭
  phone)?
  폰)?

★ 교환원이 나오게 하려면 몇 번을 눌러야
  합니까?
  What number should I dial to
  왓　　넘버　　슈드 아이 다이얼 투
  get the operator?
  겟　디　오퍼뤠이터?

★ 안내는 몇 번입니까?
  What number should I dial for
  왓　　넘버　　슈드 아이 다이얼 포
  information?
  인포메이션?

★ 국제 교환에 연결해 주시겠습니까?
  Can you connect me with the
  캔　유　　커넥트　미　위드 디
  export department?
  익쓰포트　　디파트먼트?

2) 국제 통화하기

★ 한국 수원으로 국제 통화를 하고 싶습니다.
  I'd like to make an international
  아이들 라일 투 메이크 언　　인터내셔널
  call to Suwon, Korea.
  콜　투　수원,　코리아.

★ 한국으로 장거리 전화를 부탁합니다.
　Long distance call to Korea,
　롱　　디스턴쓰　　콜　투　코리아,
　please.
　플리즈.

☆ 전화 번호를 가르쳐 주십시오.
　Phone number, please.
　폰　　　넘버,　　플리즈.

★ 수신자 부담 전화로 서울 555-9512의
　조숙정 씨를 부탁합니다.
　Collect call to Sook-jung Cho,
　컬렉트　　콜　투　숙 - 정　　조,
　number Seoul 555-9512.
　넘버　서울　퐈이브퐈이브퐈이브 - 나인퐈이브원투.

★ 지명 통화로 연결해 주십시오.
　Make it a person-to-person
　메이크　잇어　퍼슨 - 투 - 퍼슨
　call, please.
　콜,　　플리즈.

★ 번호 통화로 연결해 주십시오.
　Make it a station-to-station.
　메이크　잇어　스테이션 - 투 - 스테이션.

☆ 선생님 성함과 룸 넘버를 말씀해 주십시오.
Your name and room number.
유어 네임 앤드 루움 넘버.
please.
플리즈.

☆ 끊지 말고 잠시 좀 기다려 주십시오.
Hold on a minute, please.
홀드 온 어 미니트, 플리즈.

☆ 말씀하십시오.
Go ahead, please.
고우 어헤드, 플리즈.

☆ 통화중입니다.
The line is busy.
더 라인 이즈 비지.

3) 통화하기

★ 여보세요.
Hello.
헬로우.

★ 누구십니까?
Who's calling, please?
후즈 콜링, 플리즈?

☆ 이름을 가르쳐 주시겠습니까?
May I have your name?
메이 아이 해브 유어 네임?

★ 조성호입니다.
This is Seong-ho Cho, speaking
디스 이즈 성-호 조, 스피킹
(calling).
(콜링).

★ 존과 통화하고 싶습니다.
I'd like to speak with Mr. John,
아이들 라잌 투 스피크 위드 미스터 존,
please.
플리즈.

☆ 존 씨는 여기 없습니다.
Mr. John is not here.
미스터 존 이즈 낫 히어.

★ 40분 후에 다시 전화하죠.
I'll call again in 40 minutes.
아일 콜 어겐 인 포티 미니츠.

★ 메시지를 남겨도 될까요?
May I leave a message?
메이 아이 리이브 어 메시지?

★ 존씨에게 제가 전화했었다고 전해 주시
겠습니까?
Could you tell Mr. John that I
쿠 - 쥬　　텔 미스터 존　댓 아이
called?
콜드?

★ 그가 오는 대로 저에게 전화해 주라고 전
해 주십시오. 전화 번호는 254-0745.
Hilton Hotel의 방 번호 707호실이에요.
Please tell him to call me back as
플리즈　텔 힘 투콜 미 백 애즈
soon as he gets in. This is
수운 애즈 히 겟츠 인.　디스 이즈
254-0745. Hilton Hotel,
투파이브포-지로쎄븐포파이브. 힐튼 호텔,
room number 707.
루움　　넘버 쎄븐지로쎄븐.

★ 미안합니다. 잘못 걸었습니다.
I'm sorry. I have the wrong
아임 쏘오리. 아이 해브 더　　륑
number.
넘버.

★ 좀 더 천천히 말씀해 주십시오.
Please speak more slowly.
플리즈　스피크　모어　슬로울리.

★ 좀 더 크게 말씀해 주십시오.
 Please speak more loudly.
 플리즈   스피크   모어   라우들리.

★ 잠시 기다리세요.
 Just a moment, please.
 저스트 어   모먼트,   플리즈.

★ 잘 들리지 않습니다.
 I can't here you.
 아이 캔트   히어   유.

★ 죄송합니다. 다시 한 번 말해 주시겠어요?
 I'm sorry. Would you repeat that,
 아임 쏘오리.   우 － 쥬   뤼피이트   댓,
 please?
 플리즈?

2. 우체국

1) 우체국 문의

★ 우체국은 어디 있습니까?
 Where is the post office?
 웨어 －리즈 더   포스트   오피스?

★ 우체통은 어디 있습니까?
Where is the mail box?
웨어 —리즈   더   메일   박스?

★ 우표는 어디서 살 수 있습니까?
Where can I get the stamps?
웨어   캔 아이 겟 더   스탬스?

★ 봉투는 어디서 살 수 있습니까?
Where can I buy envelopes?
웨어   캔 아이 바이   인벨롭스?

★ 가장 가까운 우체국은 어디에 있습니까?
Where is the nearest post office?
웨어 —리즈   더   니어리스트 포스트   오피스?

2) 편지 부치기

★ 이 편지를 항공편으로 한국에 부치려 합니다.
I'd like to send this letter to Korea
아이들 라일 투 쎈드 디스   레터 투 코리아
by air.
바이 에어.

★ 이 편지를 등기로 보내고 싶습니다.
I'd like this mail registered.
아이들 라이크 디스 메일   뤠지스터드.

★ 등기로 해주세요.
By express mail, please.
바이 익쓰프레쓰   메일,   플리즈.

★ 속달로 보내고 싶습니다.
I'd like to make it special delivery.
아이들 라익 투 메이크 잇   스페셜   딜리버리.

★ 이 편지를 부치고 싶습니다.
I want to mail this letter.
아이 원 – 투   메일 디스   레터.

☆ 항공편입니까, 선편입니까?
Airmail or seamail?
에어메일 오어   씨이메일?

★ 항공편으로 해주십시오.
Airmail, please.
에어메일,   플리즈.

3) 항공 우편

★ 한국까지 항공 우편은 얼마입니까?
How much is the airmail to
하우   머춰 이즈 디   에어메일 투
Korea?
코리아?

★ 한국까지 항공 우편으로 며칠 걸립니까?
How long does it take to Korea by
하울 — 롱　　더즈 잇 테잌 투 코리아 바이
airmail?
에어메일?

★ 항공 봉함 엽서 2 장과 우편 엽서 1 장
주십시오.
I need two aerograms and a
아이 니드 투　　에어러그램즈　앤드 어
post card, please.
포스트 카아드,　　플리즈.

★ 한국에 며칠이면 도착합니까?
How long will it take to reach
하울 — 롱　　월 잇 테잌 투 뤼취
Korea?
코리아?

★ 한국까지 엽서 (편지)로 얼마입니까?
How much is it for a postcard
하우　머취 이즈 잇 포 어 포스트카아드
(a letter) to Korea?
(어 레터) 투　코리아?

★ 이것의 우편료는 얼마입니까?
How much is the postage on this?
하우　머취 이즈 더　포스티지 온 디스?

4) 소포

★ 소포는 어느 창구에서 취급하고 있습니까?
Which window should I go to
위치 윈도우 슈드 아이 고우 투
for parcel?
포 파아쓸?

★ 이 소포를 항공편으로 한국에 보내고 싶습니다.
I'd like to send this parcel to
아이들 라일 투 쎈드 디스 파아쓸 투
Korea by airmail.
코리아 바이 에어메일.

★ 이 소포를 대금 상환으로 보내 주십시오.
Please send this package by
플리즈 쎈드 디스 패키지 바이
C.O.D.(Collect on Delivery).
씨이.오.디. (컬렉트 온 딜리버리).

☆ 무엇이 들어 있습니까?
What's in it?
왓츠 인 잇?

☆ 세관 신고를 해야 합니다. 이 양식에 기입해 주십시오.

A customs declaration is required.
어 커스텀즈 데클러뤠이션 이즈 뤼콰이어드.

Please, fill out this form.
플리즈, 퓔 아웃 디스 폼.

★ 속달(등기)로 해주십시오.

By express mail(registered mail),
바이 익쓰프레쓰 메일 (뤠지스터드 메일),

please.
플리즈.

★ 소포용 상자가 있습니까?

Can I get boxes for parcel?
캔 아이 겟 박씨즈 포 파아쓸?

★ 소포용으로 포장해 주십시오.

Will you wrap this as a parcel?
윌 – 류 뤱 디스 애즈어 파아쓸?

★ 한국까지 소포 우편 요금은 얼마입니까?

How much is the charge for this
하우 머춰 이즈 더 촤아쥐 포 디스

parcel post to Korea?
파아쓸 포스트 투 코리아?

★ 포장은 어떻게 하면 됩니까?
  How do I seal this package?
  하우 두 아이 씨일 디스 패키지?

5) 전보

★ 어디에서 전보를 칠 수 있습니까?
  Where can I send a cable?
  웨어 캔 아이 쎈드 어 케이블?

★ 전보 용지를 주십시오.
  Please give me a cable(telegram)
  플리즈 기브 미 어 케이블 (텔레그램)
  form.
  폼.

★ 한국에 전보를 치고 싶습니다.
  I'd like to send a telegram
  아이들 라잌 투 쎈드 어 텔레그램
  to Korea.
  투 코리아.

★ 이 메시지를 전보로 보내주십시오.
  Please send this message by a
  플리즈 쎈드 디스 메씨쥐 바이 어
  telegram.
  텔레그램.

★ 한 자에 얼마입니까?
   How much per word?
   . 하우 머취 퍼 워드?

3. 은행

1) 은행찾기

★ 어디서 환전할 수 있습니까?
   Where can I change money?
   웨어 캔 아이 췌인쥐 머니?

★ 은행은 어디에 있습니까?
   Where is the bank?
   웨어 －리즈 더 뱅크?

★ 여기서 가장 가까운 환전소는 어디입니까?
   Where is the nearest change
   웨어 －리즈 더 니어리스트 췌인쥐
   window?
   윈도우?

★ 여기서 환전됩니까?
   Can I change money here?
   캔 아이 췌인쥐 머니 히어?

★ 은행은 몇 시까지 문을 엽니까?
  How late is the bank open?
  하울 −레이트 이즈 더   뱅크   오픈?

★ 일요일에 여는 은행은 없습니까?
  Is there any bank open on
  이즈 데어 에니   뱅크   오픈   온
  Sundays?
  썬데이즈?

★ 자동 현금 인출기는 어디에 있습니까?
  Where is the ATM(Automated
  웨어 −리즈 더   에이티아이엠(오토메이티드
  Teller Machine)?
  텔러   머쉰)?

2) 환전하기 1

★ 여기에서 달러를 파운드로 바꿀 수 있습니까?
  Can I exchange dollars to pounds
  캔 아이 익쓰췌인쥐   달러스   투 파운드즈
  here?
  히어?

★ 파운드의 환율은 얼마입니까?
What's the exchange rate for a
왓츠   디   익쓰췌인쥐   뤠이트 포 어
pound?
파운드?

☆ 1달러에 0.6파운드입니다.
It's 0.6 pound to a dollar.
잇츠 지로 포인트 씩스 파운드 투 어 달러.

★ 한국 원화도 환전해 줍니까?
Can you exchange Korean won
캔   유   익쓰췌인쥐   코리언   원
here?
히어?

☆ 네. 얼마나 환전하시겠습니까?
Yes, we can. How much
예스, 위 캔. 하우 머춰
would you like to change?
우 – 쥴   라익 투 췌인쥐?

3) 환전하기 2

● 달러로 바꿀 때

★ 달러로 바꿔 주십시오.
   Change this to dollars, please.
   췌인쥐   디스 투   달러즈,   플리즈.

★ 100달러를 파운드로 교환해 주십시오.
   Change 100 dollars into pounds,
   췌인쥐   원헌드레드 달러즈 인투   파운즈,
   please.
   플리즈.

★ 수수료는 얼마입니까?
   How much rate of commission
   하우   머춰 뤠이트 어브   커미션
   do you charge?
   두   유   촤아쥐?

★ 500달러로 교환해 주십시오.
   Change this to 500 dollars.
   췌인쥐   디스 투 퐈이브 헌드레드 달러즈.

☆ 돈은 어떻게 드릴까요?
   How do you want the money?
   하우 두 유   원트   더   머니?

★ 10달러짜리 3장, 5달러짜리 4장으로 주
십시오.
3 ten-dollar bills and 4 five-dollar
쓰리 텐 –달러 빌즈 앤드 포 퐈이브 달러
bills, please.
빌즈, 플리즈.

★ 될 수 있는 대로 작은 돈으로 주십시오.
I want small change as much as
아이 원트 스몰 췌인쥐 애즈 머취 애즈
possible.
파써블.

● 수표를 현금으로

★ 수표를 현금으로 바꿔 주십시오.
I'd like to cash a check, please.
아이들 라잌 투 캐쉬 어 췌크, 플리즈.

★ 이 수표들을 현금으로 바꿔 주시겠습니까?
Will you cash these traveler's
월 – 류 캐쉬 디즈 트래블러스
checks, please?
췍스, 플리즈?

☆ 사인해 주십시오.
Would you please sign the check?
우 - 쥬 플리즈 싸인 더 췌크?

☆ 여권을 보여 주십시오.
Please, show me your passport.
플리즈, 쇼우 미 유어 패쓰포트.

● 잔돈

★ 이것을 잔돈으로 바꾸어 주시겠어요?
Would you break this, please?
우 - 쥬 브레이크 디스, 플리즈?

★ 이 70달러짜리 지폐를 잔돈으로 바꿔 주
시겠습니까?
Could you break this
쿠 - 쥬 브레이크 디스
seventy-dollar bill?
쎄븐티 - 달러 빌?

★ 10달러짜리 지폐를 1달러짜리 열 장으
로 바꿔 주세요.
I'd like to break this ten-dollar
아이들 라잌 투 브레이크 디스 텐 - 달러
bill into ten singles.
빌 인투 텐 씽글즈.

★ 10달러 지폐 5장과 5달러 지폐 3장으로
　부탁합니다.
　5 ten-dollar bills and 3 five-dollar
　파이브 텐 - 달러　빌즈　앤드 쓰리파이브- 달러
　bills, please.
　　빌즈,　　플리즈.

★ 10달러 지폐를 잔돈으로 바꿀 수 있나요?
　Can I have change for this
　　캔 아이 해브　췌인쥐　포　디스
　ten-dollar bill?
　　텐 - 달러　　빌?

Global
TOUR
English

글로벌 여행영어

12 이용실·미용실·패스트 푸드점·슈퍼마켓

1. 이용실

★ 머리를 깎으려고 하는데 얼마나 기다려
야 하지요?
How long should I wait before I
하우 - 롱   슈드 아이 웨이트 비포 아이
can get a haircut?
캔 겟 어 헤어컷?

☆ 이쪽으로 앉으시겠습니까?
Will you sit over here, please?
윌 - 류   씻 오버 히어, 플리즈?

☆ 머리를 어떻게 해드릴까요?
How would you like your hair
하우 우 - 쥴 - 라이크 유어 헤어
done today?
던   투데이?

★ 약간만 다듬어 주세요.
Just a trim, please.
저스트 어 트림, 플리즈.

★ 뒤로 넘겨 주십시오.
Just brush it back, please.
저스트 브러쉬 잇 백, 플리즈.

★ 가르마를 왼쪽으로 해주십시오.
I want it parted on the left.
아이 원트 잇 파티드 온 더 레프트.

★ 좀더 짧게 잘라 주시겠어요?
Could you cut it a little shorter?
쿠 - 쥬 컷 잇어 리틀 숏터?

★ 샴푸해 주세요.
I'd like a shampoo.
아이들 라이크 어 샴푸.

★ 헤어 크림을 발라 주십시오.
Put some hair-cream on, please.
풋 썸 헤어-크림 온, 플리즈

☆ 귀 앞머리는 어느 정도 길이로 해드릴까요?
How long would you like your
하울 - 롱 우 - 쥴 - 라이크 유어
sideburns?
싸이드번즈?

★ (손으로 가리키며) 이 정도 길이로 해주세요.
This long, please.
디스 롱, 플리즈.

☆ 다 됐습니다, 손님.
You're all set, sir(ma'am).
유어 올 쎗, 써 (맴).

★ 얼마지요?
What do I owe you?
왓 두 아이 오우 유?

2. 미용실

★ 턱까지의 길이로 잘라 주십시오.
Could you cut it chin-length?
쿠 - 쥬 컷 잇 친 - 렝쓰?

★ 귀를 덮게 해주십시오.
I'd like it to cover my ears.
아이들 라이크 잇 투 커버 마이 이어즈.

★ 앞머리를 내려 주세요.
I'd like my bangs down.
아이들 라이크 마이 뱅쓰 다운.

★ 일정한 길이로 가지런히 잘라 주세요.
Will you cut my hair all in one
월 – 류 컷 마이 헤어 올 인 원
length?
렝쓰?

★ 층이 지게 잘라 주세요.
Will you give me a shaggy layered
월 – 류 기브 미 어 쉐기 레이어드
cut?
컷?

★ 가운데 가르마로 해주세요.
Will you part my hair in the middle?
월 – 류 파트 마이 헤어 인 더 미들?

★ 오른쪽 가르마로 해주세요.
Will you part my hair on the right?
월 – 류 파트 마이 헤어 온 더 롸잇?

★ 귀가 보이게 해주세요.
I'd like my ears to show.
아이들 라이크 마이 이어즈 투 쇼우.

★ 광대뼈를 가려 주세요.
I'd like it to cover my cheekbones.
아이들 라이크 잇 투 커버 마이 칙본쓰.

★ 너무 짧게 자르지 마세요.
Don't cut it too short, please.
도운트 컷 잇 투 쇼트, 플리즈.

★ 앞머리는 이마를 덮으면서 눈썹까지의
길이로 내려 주세요.
I'd like to have full bangs straight
아이들라일투 해브 풀 뱅쓰 스트레이트
across my forehead just covering
어크로스 마이 포어해드 저스트 커버링
my eyebrows.
마이 아이브로우즈.

☆ 파마는 어떤 식으로 해드릴까요?
How would you like your permanent?
하우 우 - 쥴 - 라이크 유어 퍼머넌트?

★ 중간으로 말아 주세요.
I'd like to get a medium permanent.
아이들라일 투 겟 어 미듐 퍼머넌트.

★ 촘촘한 컬로 해주세요.
I'd like to get a tight curly
아이들라일투 겟 어 타이트 컬리
permanent.
퍼머넌트.

★ 안쪽으로 컬해 주십시오.
I'd like to have my hair curling
아이들 라이크 투 해브 마이 헤어 컬링
toward my face.
투워드 마이 페이스.

★ 바깥 쪽으로 컬하는 스타일로 해주시겠어요?
Will you style the curls away from
윌 – 류 스타일 더 컬즈 어웨이 프롬
my face?
마이 페이스?

★ 머리를 위로 빗어 올린 형으로 해주세요.
I'd like to have an upswept hairdo.
아이들라이크 투 해브 언 업스웹트 헤어두.

★ 드라이로 하면서 자연스러운 스타일로 해주시겠습니까?
Will you blow-dry my hair and
윌 – 류 블로우–드라이 마이 헤어 앤드
style it into something natural?
스타일 잇 인투 썸씽 내추럴?

★ 머리를 말아 주세요.
I'd like to have a curly look.
아이들 라이크 투 해브 어 컬리 룩.

★ 머리를 감고 세트를 해주세요.
A shampoo and set, please.
어 샴푸 앤드 쎗, 플리즈.

★ 머리를 세워 주십시오.
I want my hair teased.
아이 원트 마이 헤어 티이즈드.

★ 자연스러운 모양으로 해주십시오.
Please fix it naturally.
플리즈 퓍스 잇 내추럴리.

★ 헤어 스타일 책이 있으면 보여주시겠어요?
Do you have a hair style book?
두 유 해브 어 헤어 스타일 북?
Can I see it?
캔 아이 씨이 잇?

★ 브러싱을 해주십시오.
Will you brush, please?
윌 – 류 브러쉬, 플리즈?

★ 이 스타일로 머리해 주실 수 있으세요?
Could you style my hair just like
쿠 – 쥬 스타일 마이 헤어 저스트 라이크
this?
디스?

★ 화장을 하고 손톱 손질도 해주세요.
   I'd like a make-up and manicure.
   아이들라이크 어 메이크-업 앤드   매니큐어.

3. 패스트 푸드점

★ 어디서 주문합니까?
   Where can I order?
   웨어   캔 아이 오더?

★ 먼저 지불해야 합니까?
   Should I pay first?
   슈드 아이 페이 퍼스트?

★ 핫도그 하나 주십시오.
   I'd like one hot dog, please.
   아이들 라이크 원 핫 도그,   플리즈.

☆ 무엇을 뿌려 드릴까요?
   What do you want on it?
   왓 두 유 원트 온 잇?

★ 케첩과 머스타드를 뿌려 주십시오.
   Ketchup and mustard, please.
   케첩   앤드   머스타드,   플리즈.

☆ 무엇을 마시겠습니까?
Something to drink?
썸씽　　　투　드링크?

★ 콜라 주십시오.
Coke, please.
코크,　　플리즈.

☆ 큰 걸로 드릴까요? 작은 걸로 드릴까요?
Large or small?
라아쥐　오어　스몰?

★ 작은 걸로 주십시오.
Small, please.
스몰,　　플리즈.

★ 햄버거 하나와 프렌치 프라이 주십시오.
A hamburger and French fries,
어　　햄버거,　　　앤드　프렌취　프라이즈,
please.
플리즈.

☆ 여기서 드실 겁니까? 가져가실 겁니까?
Here or to go?
히어　오어　투　고우?

★ 가져갈 겁니다.
   To go, please.
   투 고우,　플리즈.

★ 숍에서 먹을 수 있습니까?
   Can I eat in the shop?
   캔 아이 잇 인 더　숍?

★ 이 자리에 앉아도 됩니까?
   May I take this seat?
   메이 아이 테이크 디스　씨잇?

4. 슈퍼마켓

★ 이 근처에 24시간 편의점이 있습니까?
   Is there any 24-hour CVS
   이즈 데어 에니 투웬티포아워 씨뷔에쓰
   near here?
   니어　히어?

★ 감자 칩은 어디에 있습니까?
   Where can I find potato chips?
   웨어　　캔 아이 파인드 포테이토　칩쓰?

☆ 다섯 번째 통로의 선반에 있습니다.
   They're in aisle five on the shelf.
   데이어　인　아일 파이브 온 더　쉘프.

★ 사과 1킬로당 얼마입니까?

How much are apples per kg?
하우 머취 아 애플즈 퍼 킬로그램?

★ 이 샐러드를 5파운드만 주세요.

Will you give me five pounds of
월 – 류 기브 미 퐈이브 파운즈 어브

this salad?
디스 샐러드?

★ 어디서 무게를 잽니까?

Where can I take measure of this?
웨어 캔 아이 테이크 매줘 어브 디스?

Global
TOUR
English

글로벌 여행영어

13 분실과 도난

13
분실과 도난

1. 위급 상황

★ 도와 주십시오!
Help!
헬프!

★ 서둘러 주십시오.
Please hurry.
플리즈   허리.

★ 나가세요!
Get out!
게 - 라웃!

★ 내 팔 놔!
Let go of my arm!
렛 고우 어브 마이   암!

★ 여기 부상자가 있어요!
There's an injured person here!
데어즈   언   인주어드   퍼슨   히어!

2. 신고

☆ 무슨 일이죠?
What was taken?
윗　워스　테이큰?

★ 당신은 경찰에게 가서 이 사실을 알리는 게 낫겠군요.
You'd better go to the police and
유드　베터　고우　투　더　폴리스　앤드
report it.
뤼포오트　잇.

★ 경찰을 불러 주십시오.
Call the police, please.
콜　더　폴리스,　플리즈.

★ 어서 경찰을 불러요.
Call the police right away.
콜　더　폴리스　롸이트　어웨이.

★ 여기서 어떻게 경찰을 부르죠?
How can I call the police from
하우　캔　아이　콜　더　폴리스　프롬
here?
히어?

★ 누구 좀 불러 주시겠습니까?
  Could you send someone?
  쿠 – 쥬　쎈드　썸원?

★ 여행 안내소는 어디에 있습니까?
  Where is the tourist information
  웨어 – 리즈　더　투어리스트　인포메이션
  office?
  오피스?

★ 한국어를 할 줄 아는 사람 있습니까?
  Can anyone here speak Korean?
  캔　에니원　히어　스피크　코리언?

3. 도난 증명서 작성

☆ 무슨 일입니까? 무슨 일이 벌어졌습니까?
  What's up?
  왓츠　업?

★ 도난 증명서를 작성하려고 합니다.
  I'd like to report a theft.
  아이들 라익 투 뤼포오트 어 쎄프트.

☆ 무엇을 도난당했습니까?
  What was taken?
  왓　워즈　테이큰?

★ 제 잘못이 아닙니다.
  I'm not responsible for it.
  아임 낫 뤼스판써블 포 잇.

★ 매우 난처합니다.
  I'm in big trouble.
  아임 인 빅 트러블.

★ 다음 주 수요일에 한국으로 돌아갑니다.
  I will be returning to Korea next
  아이 윌 비 뤼터닝 투 코리아 넥스트
  Wednesday.
  웬즈데이.

★ 분실물 신고소는 어디죠?
  Where is the lost and found?
  웨어-리즈 더 로스트 앤드 퐈운드?

★ 한국 대사관에 연락해 주십시오.
  Please call the Korean Embassy.
  플리즈 콜 더 코리언 엠버씨.

★ 한국어를 아는 사람을 부탁합니다.
  Can I talk to someone who speaks
  캔 아이 톡 투 썸원 후 스픽쓰
  Korean?
  코리언?

★ 여권을 재발행하러 왔습니다.
   I came to get the passport
   아이 케임 투 겟 더 패쓰포오트
   reissued.
   뤼이슈드.

4. 분실

★ 택시에 여권을 두고 내렸습니다.
   I left my passport in a taxi.
   아이 레프트 마이 패쓰포오트 인 어 택시.

★ 거기에 가방을 놓고 왔습니다.
   I left my briefcase there.
   아이 레프트 마이 브리프케이스 데어.

★ 약 한 시간 전에 제 지갑을 당신의 식당
   에 놓고 나갔습니다.
   I left my wallet in your restaurant
   아이 레프트 마이 월릿 인 유어 뤠스토란트
   about an hour ago.
   어바웃 언 아워 어고우.

★ 여행자 수표를 잃어버렸습니다.
   I've lost my traveler's checks.
   아이브 로스트 마이 트뤠블러스 췍쓰.

★ 여권 (항공권)을 분실했습니다.
I've lost my passport (airticket).
아이브 로스트 마이 패쓰포오트 (에어티킷).

★ 그것을 어디에 두었는지 생각이 안 납니다.
I can't remember where I left it.
아이 캔트 뤼멤버 웨어 아이 레프트 잇.

★ 분실물 신고소는 어디에 있습니까?
Which is the lost and found?
위치 이즈 더 로스트 앤드 퐈운드?

5. 재발행

★ 저, 여행자 수표를 분실했습니다. 재발
행을 부탁합니다.
Excuse me. I lost my traveler's
익쓰큐즈 미. 아이 로스트 마이 트뤠블러스
checks. Can I have them reissued?
쳌스. 캔 아이 해브 뎀 뤼이슈드?

☆ 언제, 어디서 분실했습니까?
When and where did you lose
웬 앤드 웨어 디 - 쥬 루우즈
them?
뎀?

★ 오늘 아침 버스에서 소매치기 당했습니다.
I had my T/C pickpocketed on
아이 해드마이 트뤠블러스 첵크 픽파키트   온
a bus this morning.
어 버스 디스   모닝.

☆ 발행 증명서와 분실 증명서가 있습니까?
Do you have your record of the
두   유   해브   유어   뤼코오드 어브 더
checks and a theft report?
췍스   앤드 어 쎄프트 뤼포오트?

★ 유레일 패스를 분실했습니다.
I've lost my Eurail pass.
아이브 로스트 마이 유레일   패스.

★ 네. 여기 있습니다. 여기에서 여기까지
사용했습니다.
Yes. Here you are. I used from
예스. 히어   유   아. 아이 유스트 프롬
this number to that.
디스   넘버   투   댓.

☆ 어디에서 구입했습니까?
Where did you purchase them?
웨어   디 - 쥬   퍼춰스   뎀?

★ 서울에 있는 한국 외환은행에서요.
The Korea Exchange Bank in
더　코리아　익쓰췌인쥐　뱅크　인
Seoul.
서울.

☆ 잠시만 기다려 주십시오. 확인되었으니 재발행해드리겠습니다.
Just a minute, please. We've
저스트 어 미니트,　플리즈.　위브
confirmed it and we'll make
컨펌드　잇 앤드 위일 메이크
them reissued.
뎀　뤼이슈드.

★ 발행할 수 있는 가장 가까운 역은 어느 곳입니까?
Which is the nearest station
위치 이즈 더　니어리스트 스테이션
where I can get it?
웨어 아이 캔　겟 잇?

☆ 맨해튼입니다.
You have to go to Manhattan.
유　해브　투 고우 투　맨해튼.

Global
TOUR
English

글로벌 여행영어

14 귀 국

1. 호텔 체크아웃
2. 공항 체크인 카운터

14
귀 국

1. 호텔 체크아웃

★ 체크아웃하려고 합니다.
   I'm checking out.
   아임   췌킹   아웃.

★ 열쇠 받으세요.
   Here the key is.
   히어   더   키 이즈.

☆ 잠깐 기다리세요. 계산서를 뽑아드리겠
   습니다.
   One moment, please. I'll print
   원   모우먼트,   플리즈.   아일 프린트
   out your check[bill].
   아웃 유어   췌크   〔빌〕.

☆ (계산서가) 여기 있습니다. 검토해 보시
   기 바랍니다.
   Here it is. I want you to check
   히어 잇 이즈. 아이 원-츄   투   췌크
   it over.
   잇 오버.

★ 모든 게 틀림없습니다.
Everything's fine[OK].
에브리씽즈　퐈인[오우케이].

☆ 어떻게 지불하시겠습니까?
How would you like to pay?
하우　우 ― 줄 ― 라잌 투 페이?

★ 신용 카드로 하겠습니다. 제 BC 카드입니다.
By credit card. Here's my BC card.
바이 크레디트 카아드.　히어즈 마이 비씨 카아드.

☆ 모든 요금을 BC 카드로 지불하시겠습니까?
Do you want to charge
두　유　원 ― 투　촤아쥐
everything to your BC card?
에브리씽　투 유어 비씨 카아드?

★ 예, 그래요.
Yes, please.
예스,　플리즈.

☆ 여기에 서명하세요. 손님 보관용 사본입니다.
Sign here, please. Here's a copy
싸인 히어, 플리즈. 히어즈 어 카피
for your records.
포 유어 뤼코오즈.

★ 고맙습니다.
Thanks.
땡쓰.

☆ 다시 저희 호텔을 이용해 주시기 바랍니다. 안녕히 가세요.
We hope you'll stay with us again.
위 호프 유일 스테이 위드 어스 어겐,
Good-bye.
굿 - 바이.

2. 공항 체크인 카운터

★ 델타 항공 카운터가 어디입니까?
Where is the Delta Airlines
웨어 - 리즈 더 델타 에얼라인즈
counter?
카운터?

☆ 2번 터미널로 가세요.
Go to the terminal two.
고우 투 더 　터미널 　투.

★ 서울행 델타 항공기의 체크인을 여기서
함니까?
Can I check in here for Delta
캔 아이 　쵝 인 히어 포 　델타
Airlines flight to Seoul?
에얼라인즈 플라이트 투 　서울?

☆ 예. 항공권과 여권을 보여 주십시오.
Yes. Your ticket and passport,
예스, 유어 　티킷 　앤드 패쓰포오트,
please.
플리즈.

★ 여기 있습니다. 금연석으로 주세요.
Here you are. Non-smoking,
히어 유 아. 　난 - 스모킹,
please.
플리즈.

☆ 창가 쪽 좌석을 드릴까요, 통로 쪽 좌석
을 드릴까요?
Would you like a window seat
우 — 쥴 — 라이크 어   윈도우   씨잇
or an aisle seat?
오어 언 아일   씨잇?

★ 아무거나 괜찮습니다.
I don't mind.
아이 돈트   마인드.

★ 부칠 짐이 네 개 있습니다.
I have four pieces of baggage to
아이 해브 포어   피이스 어브   배기쥐   투
check.
쳌크.

☆ 저울 위에 올려놓으세요. 이 가방을 직
접 꾸리셨습니까?
Please put them on the scales.
플리즈   풋   뎀 온 더 스케일스.
Did you pack these bags
디 - 쥬   팩   디즈   백쓰
yourself?
유어쎌프?

★ 예, 그렇습니다.
Yes, I did.
예스, 아이 디드.

☆ 좋습니다. 탑승권 받으세요. 7번 탑승구
에서 탑승을 합니다. 출발 30분 전에 그
곳으로 가십시오.
Fine. Here's your boarding pass.
퐈인. 히어스 유어 보어딩 패쓰.
It is boarding at gate 7. Please be
잇 이즈 보어딩 앳 게이트 쎄븐. 플리즈 비
there thirty minutes before
데어 써티 미니츠 비포
departure.
디파춰어.

★ 고맙습니다.
Thank you.
땡 – 큐.